666: LA NUEVA MONEDA

Un relato de los últimos tiempos

Benjamín Morales

Publicado por
Editorial **Carisma**
Miami, Fl. 33172
Derechos reservados

Primera edición 1998

© 1997 por Benjamín Morales

Cubierta diseñada por: Alicia Mejías y Ximena Urra

Las opiniones expresadas por el autor de este libro no reflejan necesariamente la opinión de esta editorial.

Citas bíblicas tomadas de la Santa Biblia, revisión 1960
© Sociedades Bíblicas Unidas
 Usada con permiso.

Producto 550152
ISBN 0-7899-0512-4
Impreso en Colombia
Printed in Colombia

CONTENIDO

PREFACIO

Satán ha comenzado su plan de última hora. Sabe que le queda poco tiempo y ha descendido con grande ira. Si examináramos la Palabra de Dios cuidadosamente y los sucesos que pasan alrededor nuestro, llegaríamos a la inevitable conclusión que los últimos años del siglo veinte serán de grandes cambios significativos. Este siglo, (en que vivimos), no podrá seguir a este ritmo tan acelerado en que va. Estoy seguro que algo, ¡pronto! Va a acontecer que cambiará nuestros destinos.

La Biblia ya había visualizado dos milenios atrás, lo que hoy vemos ante nuestros ojos como una inminente realidad. Más aún, la Biblia nos anticipa lo que pronto va a acontecer. Tiempos tenebrosos se acercan para la humanidad, los cuales culminarán con la Gran Tribulación.

Planes ocultos se están desarrollando de parte de las fuerzas del mal. La humanidad no se da cuenta de lo que está aconteciendo a su alrededor, incluso hay muchos cristianos que están ajenos a lo que está pasando; otros sencillamente no creen que lo que está pasando sea una señal del inminente retorno de Cristo. Muchos están cayendo en la apostasía de la Nueva Era, (la gran y última religión).

Fuerzas poderosas de la oscuridad que salen directamente de las mismas entrañas del infierno están arropando el planeta Tierra, engañando y destruyendo todo lo que encuentra a su paso, incluyendo a los cristianos.

El verdadero cristiano no puede estar ajeno a lo que pasa a su alrededor. Es por eso que Dios está levantando hombres y mujeres que se dediquen a la tarea de descubrir las artimañas y maquinaciones de Satanás. Tenemos que estar a la expectativa como dice el apóstol Pablo: "Para que Satanás no gane ventaja alguna sobre nosotros; pues no ignoramos sus maquinaciones." (2 Corintios 2:11).

El propósito de este libro es exponer las artimañas que Satán está utilizando con la idea de establecer un nuevo sistema financiero donde terminará con una marca en la mano derecha o en la frente. Aunque parezca imposible este sistema financiero ya está en acción. Casi el mundo entero está usando este sistema financiero y aunque el número de la bestia 666 no está totalmente implantado, (creo), que dentro de no muchos años este número será una realidad. Además es mi propósito presentar que Satanás no ha de utilizar el número 666 como tal, sino que este número será implantado a través de un medio oculto. Podría ser a través del sistema de barra llamado el UPC, o sea, el sistema de rayas que usan los productos de los negocios, u otro medio como el *chip* (microprocesador). Satanás es más listo de lo que muchos piensan y para poder engañar, si es posible, aun a los escogidos, tendrá que usar algo más sutil que simplemente el 666. Yo creo que detrás de este sistema de codificación de barras y de *chips,* o sea, bancos de memoria, se puede estar escondiendo la marca de la bestia, el 666 el número de Satanás.

A medida que el estudio se vaya desarrollando, el lector podrá discernir por sí mismo el engaño de Satanás y no estará más, ajeno a sus maquinaciones.

Siempre creí y sigo creyendo en que la verdadera iglesia de Dios será arrebatada antes que se obligue a la humanidad a someterse a este número, sin embargo, tengo que hacer énfasis en el hecho de que antes que la iglesia sea arrebatada, este sistema de marcas en la frente o en la mano derecha puede estar en función. La Biblia muestra que cuando la iglesia sea arrebatada, Satanás obligará a la humanidad a grabarse este número. Después de haberme enfrentado a la realidad de saber que ya hay personas en el mundo que han sido marcadas, deduzco:

1. Que en el presente no se está obligado a la humanidad a someterse a la marca, sino que se están dando los primeros pasos de concientización.

2. Dios ha permitido que algunas personas en el mundo sean marcadas, para que la Iglesia de Dios abra sus ojos y sepan que sí estamos en los últimos tiempos.

3.Para cuando el anticristo tome posesión sobre la tierra, ya este sistema de marcas tiene que estar desarrollado. Se tomaría muchos años implantar este sistema. Esto quiere decir que cuando el anticristo entre en acción, ya el sistema de marcas estará en acción, para así entonces obligar al uso del mismo.

En el periódico cristiano Omega Times en Nueva Zelandia, (el cual se publica mensualmente), edición de mayo de 1992, Vol. 11 No. 10, aparece en la primera plana el título: "Hombre en Nueva Zelandia recibe marca inyectada en su mano derecha", por Barry Smith.

El periódico relata que recibieron en la oficina una carta que suministró la siguiente información:

"El primer hombre en Nueva Zelandia que recibe un número electrónico implantado, está vivo y muy bien, y vive en Auckland.

...Tiene una implantación inyectada en su mano derecha para proveer en el punto demostración para los potenciales usuarios, que el dispositivo numerado electrónicamente es simple de registrar, no es doloroso al recibirlo y totalmente confiable."

Otro caso de personas ya marcadas se encuentra en el libro escrito por Abraao de Almeida en su libro "Israel, Gog y el Anticristo", que relata el caso de un misionero llamado Hermes Méndez Barros, que fue misionero en Bélgica. La hija del misionero nació el 14 de marzo de 1977, cuando fue llevada al Registro Demográfico, recibió una inscripción numérica en su frente, grabada invisiblemente, con un aparato de rayos laser.

No es mi propósito en este libro traer una interpretación bíblica de Apocalipsis 13, pues la Biblia no nos habla mucho de cómo será organizado este sistema. Sólo se limita a decir qué sucederá. Creo prudente no tratar de demostrar que tiene que suceder de una forma específica, sino limitarme a enseñar lo que está sucediendo ante nuestros ojos.

No quiero crear controversias teológicas, sino más bien presentar la teología en controversia. Así que, ¡ayúdame oh Dios!

Benjamín Morales
Moca, P.R.

1

UN LLAMADO

Mi testimonio es importante en este tema, pues, creo que fue un llamado de Dios para que abriera los ojos de muchos ciegos, incluyendo los míos. Lejos estaba de saber que los ciegos se encontraban en la iglesia. No ciegos espirituales sino ajenos al plan que Satanás tenía trazado sobre este sistema.

En una ocasión en 1985 estaba trabajando en una fábrica en Puerto Rico. Casi nunca visitaba un médico, aunque me sintiera enfermo. Ese día me sentía mal y decidí ir a uno. Cuando llegué a la oficina del médico, éste no se encontraba, entonces decidí ir a la librería cristiana más cercana. Leí a través de los cristales la portada de un libro que se titulada, "Cuando el dinero falla", por Mary Relfe. No le presté atención. Volví a la oficina del médico y él no estaba. Después de dos horas de espera regresé a la librería y vi otro libro llamado, "Nuevo sistema financiero", escrito por la misma autora. En la portada decía: "Escrito por la autora de, 'Cuando el dinero falla'". El interés que no tenía por el libro ahora se despertaba en mí. Compré el libro y comencé a estudiarlo. Me gustó tanto que en tres días lo había leído.

El domingo de esa semana, aunque no estaba programado, me tocó predicar, sin embargo, prediqué como nunca, era el plan de Dios. Hubo liberación, almas se entregaron al

Señor y sanidades ocurrieron. Sentía el poder de Dios como pocas veces lo había sentido. Aquello fue algo fuera de lo común para mí. Al final del servicio mi tío se acercó y me dijo: "Este es el comienzo de un gran ministerio que Dios tiene para ti". Sentí la aprobación de parte de Dios en aquellas palabras proféticas, pero no le presté atención.

Para ese tiempo mi esposa estaba pasando por la fatal enfermedad del cáncer. Estaba planificando dejar mi trabajo para dedicarme al cuidado de ella.

Un día mientras trabajaba escuché una voz muy clara que me dijo: "Te voy a dar radio y T.V. para que lleves este tema". Se lo confesé sólo a mi madre, ya que temía que nadie me creyera. Ella dijo: "Ora a Dios por confirmación".

En esos días perdí mi trabajo sin tener que abandonarlo, con todos mis derechos por ley. Estuve un año completo cuidando de mi esposa en su enfermedad. El fatídico día, 19 de marzo de 1986 a las 2:30 P.M. mi esposa murió. Su muerte me devastó, casi me destruye tanto física como espiritualmente. Una semana después de su muerte, mientras estaba en mi habitación en la parte trasera de la casa de mis padres, (me había ido de mi casa por la soledad tan grande que sentía), mientras oraba de madrugada, escuché nuevamente la misma voz que me habló en el trabajo retumbándome en la mente, me dijo: "Ve a la Iglesia que te voy a hablar". Hice caso y me fui a la iglesia, cuando me iba a arrodillar nuevamente la voz me dijo: "Abre la Biblia", obedecí; mis ojos enfocaron directamente a Isaías 42 versículos 6 y 7, y cito:

Yo te he llamado en justicia, y te sostendré
por la mano, te guardaré y te pondré por pacto
al pueblo, por luz de las naciones para que abras
los ojos de los ciegos, para que saques de la cárcel
a los presos, y de casa de prisión a los
que moran en tinieblas.

No creía que aquello era para mí, pensé que era una simple casualidad y sencillamente dije: "Señor, si me estás hablando, sólo te pido me des una prueba más". Cerré la Biblia y cuando la volví a abrir, mis ojos, nuevamente enfocaron directamente a Isaías 41, versículos 9 al 10. Lo increíble fue que comencé leyendo al final del verso 9 sin mirar a ningún otro lado, leí:

> *...Mi siervo eres tú; te escogí y no te deseché,*
> *no temas porque yo estoy contigo; no desmayes*
> *porque yo soy tu Dios que te esfuerzo;*
> *siempre te ayudaré, siempre te sustentaré*
> *con la diestra de mi justicia.*

Como dicen por ahí, era como Santo Tomás, que viendo no cree. Habiendo oído y obedecido a la voz de Dios de ir a la Iglesia para que me hablase, se me hacía imposible pensar que Dios se había dirigido a mí a través de su Palabra. Cerré la Biblia y con un último intento de creer, dije: "Si me das un solo texto más que verifique ese llamado creeré". Cuando abrí la Biblia, la cual había cerrado totalmente, para sorpresa mía estaba en Isaías 43 versículo 1, el cual leí hasta al versículo 5, comencé nuevamente a leer la parte final del verso, sin apartar mi vista mis ojos se enfocaron a las siguientes palabras:

> *...No temas, porque yo te redimí, te puse nombre,*
> *mío eres tú. Cuando pases por las aguas yo estaré*
> *contigo; y si por los ríos no te anegarán, cuando*
> *pases por el fuego no te quemarás*
> *ni la llama arderá en ti".*

Continué leyendo hasta el versículo 5. Ya para ese tiempo estaba muy compungido y nervioso, comencé a llorar y sentí convicción de Dios, inmediatamente volví mis ojos al capítulo 44 versos 1 al 2, ya no podía más, estaba a punto de creer, cuando con un tono un poco asustado dije: "Señor, por favor, uno más y no te vuelvo a preguntar". Cuando abrí la Biblia mis ojos se enfocaron en Daniel 4:2:

Conviene que yo declare las señales y milagros que el Dios Altísimo ha hecho conmigo.

Me asusté mucho porque lo que leí era como una amenaza: "Porque más te vale", en lugar de "conviene". Quizás algún lector piense: Dios no amenaza a nadie, ¡Bueno!, eso sólo fue lo que sentí cuando lo leí. Quiero anticipar que hoy día tengo un programa dado por mi Dios, el mismo se llama "Señales", se transmite por La Cadena del Milagro, una cadena internacional, además participo en un programa radial llamado, "Nueva vida 105", antes "Radio Fe".

Después de unos quince días, todavía no creía que Dios me hubiera llamado. La experiencia en la Iglesia se me había olvidado. Dios me habló muchas veces e hizo énfasis en más de diez ocasiones. Una vez llegó la hermana Charlene Ramírez, una sierva de Dios; me habló de mi llamado, lo cual no creí, sin embargo, me fue curioso el hecho de que a su esposo Sergio, Dios le había hablado ese mismo día antes de salir de su casa, a traernos una campaña que comenzaba ese día, el Señor le había indicado que en Moca había una persona que Dios le estaba llamando y él no creía en el llamado. Dios le dijo (como después él indicara), que le dijera al siervo que Él sí lo había llamado y que no fuera más incrédulo. Estando en Moca, se habían olvidado del asunto de ese día en la mañana.

En la tarde, mientras ellos estaban en mi casa, la hermana Charlene sintió de Dios orar por un ministerio que Dios me estaba dando; estando en el Espíritu y comenzó a relatarme esta visión:

—Veo un ángel que viene con un papel en la mano izquierda y una espada de oro fino, muy resplandeciente en la mano derecha. El ángel es muy brillante y está vestido de blanco, te está entregando un papel con una información que sólo tú sabrás, pero en el momento indicado. Ahora veo otro ángel que tiene una túnica blanca como las que usan los médicos y un cinto amarrado en la cintura. Tiene un marrón (martillo) en su mano derecha y un cortafrío (cincel) en su mano izquierda. Entró en tu interior y ha comenzado a romper un corazón de mármol dentro de ti. Va rompiendo ese corazón poco a poco, ahora veo fluir agua, mucha agua, son como ríos de agua viva.

Dice después:

—Así mismo encontrarás muchos en tu camino con corazones de mármol y los romperás y ríos de agua viva correrán.

Años después vi esto hecho realidad en Argentina. Como no creí a la profecía me dijo:

—Tú eres el hombre sobre el cual Dios le había hablado a mi esposo en el día de hoy.

Su esposo estaba afuera jugando con los niños, y cuando le llamó, ella le dijo que yo era el hombre del que Dios le había hablado en la mañana. Entonces él me dijo:

—Varón, Dios me dijo que sí te había llamado y que tú no quieres creer, Él te confirmará a su debido tiempo.

Para acortar el testimonio de mi llamado; años después estaba yo en Europa predicando en una Iglesia Bautista en Londres, después de la predicación se acercó a mí una persona de Nueva Zelandia llamada Rebbeca Brown y me dijo:

—Después de haber escuchado ese mensaje, quiero decirte que tú eres la única persona a quien me atrevo decirle esta información, la cual no se la he dicho a nadie aquí en Londres porque me tildarán de loca. ¿Sabes que mi país es el primero en el mundo que tiene un sistema económico sin fondo?

Le repliqué:

—Entiendo lo que es eso, por favor todo lo que tengas con relación a ese sistema, envíamelo a Puerto Rico.

Estando en Miami, Florida, recibí mucha información de periódicos revistas, libros, folletos, etcétera.

Dios me ha ayudado a elaborar este tema que se ha predicado en África, Venezuela, Estados Unidos, Argentina y muchos otro países. En Argentina más de cuatro millones de personas lo han escuchado. Cientos han dado su vida a Cristo y sé que todavía muchos más vendrán al conocimiento de Cristo a través de este libro.

En una ocasión una hermana de mi Iglesia me dijo:

—¿Te acuerdas de la visión del ángel con el papel en la mano izquierda?

Le contesté afirmativamente y me dijo:

—Rebbeca Brown es ese ángel y esa información es el tema que tú predicas.

Fue entonces cuando me di cuenta de la realidad de la visión, Rebbeca Brown, (no la escritora de libros), todavía me envía información con relación a este nuevo sistema financiero.

2

LAS CUATRO BESTIAS DEL LIBRO DE DANIEL

En el capítulo siete del libro de Daniel se les presentan cuatro bestias a Daniel en sueño. En el capítulo dos, a Nabucodonosor se le dio un sueño de una imagen, la cual representaba cuatro reinos. La misma sucesión de reinados que aparecen en el capítulo dos aparecen en el capítulo siete. Ambos sueños representan cuatro imperios que controlarían el mundo entero. Por lo menos el mundo conocido de aquel tiempo, (1) Babilonia, (2) Medo Persia, (3) Grecia, (4) Roma. En el capítulo siete, versículo diecisiete, se le explica a Daniel que las cuatro bestias son cuatro reyes que se levantarán sobre la tierra. Algo peculiar sucede en Daniel, y es que se interesó más por conocer de la última y cuarta bestia, sobre los diez cuernos que estaban en su cabeza y sobre el cuerno pequeño, (vv. 19, 20), que los demás. Tres cosas llamaron la atención a Daniel:

1. La fiereza de la bestia (v. 19)

2. Los diez cuernos que representaban lo mismo que los diez dedos del capítulo dos (v. 20).

3. El cuerno pequeño que representa al anticristo (v. 20)

Esta cuarta bestia tiene que ver con un reinado en el futuro que se comprendía de diez naciones. Roma fue el último imperio que se levantó de los cuatro; por lo tanto Roma se volverá a levantar para este último tiempo. Creemos que es Roma por las siguientes razones:

1. Hoy día sólo hay un territorio que concuerda con las descripciones de Daniel. Ese territorio es Europa, y todo comenzó con un tratado en 1957. Hoy día se le conoce como el Mercado Común Europeo, lo raro de todo esto es que la misma comunidad europea afirma que las interpretaciones de Daniel, Ezequiel y el Apocalipsis, concerniente a las 10 naciones son ellas.

2. Dos mil quinientos años después de la profecía de Daniel, por primera vez se levanta un reino exactamente en el mismo lugar que estuvo la Roma antigua. Es interesante saber que se piensa cambiar el nombre del Mercado Europeo por el de "EL NUEVO IMPERIO ROMANO DEL OESTE". En el libro escrito por Michael Smiley, "Proyecto 666" en la página 25 dice: "...en la existencia del Antiguo Imperio Romano, encontramos la imagen capaz de reflejar lo que la nueva Europa unificada es y lo que representarán en 1992 —un poder— un nuevo imperio superior aun a Roma misma".

El primero de enero de 1993 se abrieron todas las fronteras de la Europa unida, como diciéndoles al mundo, "este es el último imperio descrito en Daniel". Roma se ha levantado como un Imperio inigualable en todo el mundo con un poder político, económico y militar. Nadie en el mundo hoy día, lo supera.

Ahora es que entendemos por qué Daniel se espantó tanto. Y esto es sólo el comienzo, el terror grande vendrá más tarde, cuando se manifieste el hombre de pecado.

3. Creemos que es Roma simplemente porque ya no da tiempo a que se levante otro imperio con la misma fuerza. Creo firmemente que estamos en el último tiempo y aunque a muchos no les guste la idea, es cierta. Es verdad que algunos han fracasado en el intento de expresar que Cristo venía en su tiempo, esto no implica que estamos equivocados en pensar que estamos en el último tiempo. En algún momento tiene que ser la venida de Cristo. Tanto la Nueva Era, como las profecías bíblicas señalan que el tiempo se está acabando. La misma Nueva Era afirma que el mundo no puede continuar a este ritmo acelerado y pasar del año 2000.

Sólo necesitamos un hombre

En la revista "Moody Monthly" de fecha marzo de 1974 apareció esta noticia:

Henry Spaak, Secretario General de la OTAN y antes planeador del Mercado Común, dijo: "Lo que necesitamos es un hombre de bastante estatura para inspirar confianza y lealtad a todos los países, y nos saque del lodazal económico en la cual nos estamos hundiendo. Envíanos a este hombre, sea Dios o diablo y lo recibiremos bien".

Tanto el ex presidente Bush como el Presidente Bill Clinton hablan mucho del llamado: "Nuevo Orden Mundial". Más adelante hablaremos más sobre el Nuevo Orden Mundial. La idea de este nuevo sistema político también sugiere la idea de un solo líder mundial. Esto no es otra cosa sino el gobierno del anticristo que está asomado su cabeza.

Es una gran idea: un nuevo orden mundial, donde diversas naciones se unen en una causa común para lograr aspiraciones universales de la humanidad, paz y seguridad, libertad y autoridad de la ley...
Ex presidente Bush, en su discurso sobre el Estado de la Unión, Los Angeles Times, 18 de febrero de 1991.

Se está tratando de unificar todo. La Nueva Era viene con la idea de un solo gobierno mundial y un solo gobernante: ¡El anticristo!

El mundo espera un hombre que nos saque de este atolladero político y financiero. A mi creencia, este hombre ya está. Muchos nombres se le han dado a este hombre, tales como: Reagan, Bush, Gorbachov, Jacques Delor, Lord Maytreya y cientos de otros más. La Biblia no nos dice quién va a ser este hombre pero sí nos da una descripción bastante concisa, la cual discutiremos más tarde.

3

MENSAJES SUBLIMINALES

Lo que conscientemente percibimos sobre nosotros mismos y sobre nuestro mundo o alrededor, tiene que ver con nuestro comportamiento. Todo lo que se mueve a nuestro alrededor tiene gran influencia sobre nosotros, lo hallamos percibido consciente o inconscientemente. Por ejemplo, estamos siendo invadidos constantemente por la información a través de la radio, televisión, revistas, periódicos, libros y muchos otros medios. Toda esta información afecta de una forma u otra a nuestras vidas. Los anuncios que se nos envían por la T.V. nos pueden manipular al extremo que nos hagan comprar sus productos aun sin necesitarlos. La efectividad que un mensaje puede tener en un individuo depende de la presentación del mismo.

Lo que mucha gente común, y aun estudiosos del comportamiento humano no sabían hasta hace poco, es que estábamos siendo controlados a través del estímulo subliminal. Esta práctica ha sido usada por más de cuarenta y cinco años y apenas ahora es que nos estamos percatando de la realidad. ¿Cuántos otros medios de vigilancia se estarán utilizando para controlarnos?

Los anuncios demandan mucha atención en el ambiente de nuestras vidas, ellos son, puntos focales del conocimiento hoy día. Desgraciadamente están llenos de significados camuflados. En un nivel nos pueden servir como un señuelo, cosa que por otro nivel haga su trabajo en el consciente. Si estás viendo un anuncio por la televisión o en una revista, tu mente está siendo invadida tanto por la información consciente como por una información que tu mente la registra en el subconsciente. Nos están diciendo más de lo que percibimos a simple vista. Por ejemplo, años atrás la T.V. y los cines daban anuncios en fracciones de segundos donde mostraban una hamburguesa que echaba humo, dando a entender que aún estaba caliente, con una lechuguita que le sobresalía por los lados, la carne aún salpicando jugos, el queso derretido haciendo burbujas y mucho caldo saliendo por los lados de la hamburguesa. También presentaban un vaso de refresco lleno con mucho hielo burbujeando, la parte exterior del vaso se veía con gotas casi heladas mostrando lo frío que estaba el refresco, pero todo esto era una cuestión de fracciones de segundos. La persona no sabía si lo había visto en la pantalla o simplemente lo había imaginado. Automáticamente le producía a la persona una sensación de hambre y le daba deseos de comprar una hamburguesa con un refresco helado. Esto no es otra cosa sino una forma de controlar nuestras emociones.

La informática

En este mundo electrónico en que vivimos recibimos data, o sea, información de todas direcciones simultáneamente. Residimos en un mundo de información muy continua, la cual produce grandes consecuencias en nuestras vidas. No es de extrañar que a través de nuestros medios aparezcan grupos filosóficos y religiosos infiltrando sus ideas como las cadenas psíquicas y otros.

Es evidente que los anuncios tienen una influencia colosal como las artes, la política, los entretenimientos y la religión.

Los propagandistas nos presentan sus ideas a través de una máscara mientras nos roban cada centavo que tenemos en nuestros bolsillos. Es tanta la informática que recibimos, que nos hacemos vulnerables a ella. Esto se ha hecho un negocio universal como lo es la educación.

Lo subliminal a lo escondido puede ser presentado a la audición cuando no es accesible al ojo. Hay cosas que nos dicen y no la entendemos sino hasta mucho tiempo después. Todo nuestro ambiente está lleno de influencias subliminales. Millones de personas son manipuladas sin estar consciente de ello.

Proliferación del estímulo subliminal

Sus técnicas han sido difundidas por la T.V., los anuncios y las agencias de relaciones públicas, corporaciones, comerciales e industrias, y por lo más peligroso aún, el Gobierno Federal. Este secreto se había mantenido fuera del conocimiento tanto del ciudadano normal como del científico que estudia el comportamiento humano.

El propósito de estos mensajes es que hagan un efecto en su comportamiento, pero sin que usted lo perciba pues es escondido. Un mensaje subliminal es un mensaje que se ve y se entiende, que se oye y se entiende, pero que no se comprende. ¡Sé que no me entendió! ¡Déjeme explicarle mejor! Cuando usted ve u oye un mensaje subliminal va a entender lo que ve a primera vista pero no va a entender el mensaje escondido que lleva, pues va a lo profundo de su cerebro y se esconde. La intención es que no lo perciba, sin embargo afecta su comportamiento.

Algunos ejemplos

Muchos ejemplos de eso lo vemos en la T.V. como "American Express, nunca salgas de tu casa sin ella". Detrás de este anuncio hay un mensaje oculto que no entendemos. Al final discutiremos el mismo.

Otro anuncio es el de una conocida compañía que produce un ron muy famoso aquí en Puerto Rico, donde se presenta una mujer con un bikini y un color de piel y cabello que va a tono con el color del ron, al final de la música y movimientos de un baile sensual, la mujer finalmente extiende sus muslos hacia los lados opuestos poniendo sus pies sobre grandes cubos de hielo que se presentaban en la cristalina pista, como si sus piernas se extendieran con un propósito erótico. Allí se detiene y de momento sale una botella de ron subiendo de entre sus piernas hacia arriba. Antes de llegar arriba el anuncio termina.

"Imorality Inmedia" en conjunto con algunas sociedades feministas lanzaron críticas al anuncio, lo cual les hizo salir del aire. El anuncio era claro, pues enseñaba un acto sexual a través de un mensaje subliminal.

Ahora mismo mientras escribo estas palabras, frente a mí tengo un anuncio de cigarrillos. En la portada del anuncio aparecen las palabras: "Character at the Year", o sea, "Personaje del año". Aparece la figura de un camello personificado fumando un cigarrillo. Está vestido de etiqueta y hace un gesto de satisfacción y a la misma vez de un personaje orgulloso. En la siguiente página del anuncio aparecen diferentes personalidades famosas de antaño tales como, Genchis Kan un gran conquistador oriental y Leonardo Da Vinci un gran pintor, y otras más. Lo que el anuncio nos quiere decir es que si fumas este cigarrillo serás importante como ellos. El personaje que aparece en la portada tiene una fuerte personalidad propia, sin embargo hay algo más en el anuncio que mostrar una fuerte personalidad. Los hocicos del camello parecen los escrotos de algún animal, posiblemente del mismo camello. Incluso, las dos extremidades del hocico parecen los traseros de una mujer desnuda prácticamente en un acto sexual. Estos anuncios hacen que se venda más el producto.

Entre los miles y miles de anuncios que hay que presentan mensajes subliminales, se encuentra también el de un conocido brandy.

En el anuncio se presenta el retrato de una pareja abrazándose mientras caminan a la orilla del mar. Mientras se ven jugueteando, a ella se le presenta con un vestido que a la luz del sol se ve transparente y por ende se le ve la ropa interior a través del reflejo del sol. Arriba de ellos el anuncio dice: "(nombre), disfrútelo con amor". Al pie de la pareja aparece una botella de licor y justamente al lado aparecen dos vasos de cristal con hielo y hasta la mitad llenos con la bebida. En uno de los vasos aparecen como si fueran dos figuras de personas desnudas haciéndose el amor. Luego más abajo del anuncio aparece: "(Nombre) es como el amor". ¿No querrá decirnos algo?

No sólo los anuncios de la televisión y las revistas están plagadas de información subliminales, sino que esto está en todo, aun en paneles decorativos, cortinas de casa, dibujos, ropa y muchos otros medios. La ropa también nos habla por estos medios. Tengo ropa en mis manos en la cual aparecen los tres seis, en algunos casos con toda intención presentan a los tres seis, en otros casos queriendo fingir otra cosa. Por ejemplo: tengo una camiseta donde aparece un espiral muy grande en la parte de atrás, pero al frente aparecen seis, en vez de espirales dentro de unas pirámides y para sorpresa nuestra los ponen en grupos de a tres. A veces en vez de aparecer seis aparecen los nueves, ya que cuando se invierten se convierten en los tres seis.

No solamente nos cobran más caro por llevar un nombre de marca reconocida, sino que también anunciamos lo que ellos quieren. La marca está de moda. Si una prenda de vestir no tiene un nombre reconocido así, aunque el material sea de gran calidad, no sirve, pues no tiene el nombre reconocido dentro de la moda. Es mayormente la juventud la que cae presa de esta influencia publicitaria.

Los símbolos espirales están a la moda. Se ve tanto en los anuncios televisivos, como en la ropa y otros medios.

También en la ropa aparecen otros símbolos como, el pentagrama o la estrella de cinco puntas que representan al macho cabrío, la flor de loto, pirámides, arco iris, etcétera. Todos son símbolos de la Nueva Era. Estos símbolos lo aceptamos como algo normal y poco a poco penetran en nuestra mente como algo común. Gradualismo es la clave. Todo lo que se enseña gradualmente es más eficiente que lo que se obliga.

Nadie compra obligado, pero sí se puede obligar a comprar a través del gradualismo, especialmente cuando el gradualismo y lo subliminal se unen. Si quiere que una idea se lleve a cabo en su iglesia, trabajo o algún grupo social, lo mejor es presentar esa idea poco a poco y verá que es más eficaz que tratar de imponerla. La moda ha penetrado la mentalidad del individuo por su gradualismo y publicidad más que por cualquier otro medio.

Los mensajes subliminales nos controlan y eso es lo que Satanás quiere hacer, ¡controlarnos!

Estamos siendo controlados, no sólo en lo que compramos, también nuestra vida privada es controlada por la televisión, máquinas de fax, los nuevos teléfonos llamados "teléfonos de la Nueva Era", ¿Quién nos puede garantizar que no estamos siendo vigilados a través de todos estos nuevos y fabulosos inventos de hoy día?

4

LA NUEVA MONEDA

Los organizadores del Mercado Común Europeo están estudiando un plan de Recuperación Financiera Internacional. Los grandes economistas están preocupados con lo que está por acontecer con el sistema financiero existente. El papel moneda y las monedas de metal cuestan más que el importe que ellos representan. En adición la devaluación de la moneda en muchos países está causando un problema sin solución. La deuda externa nos llevará al caos financiero.

Personalmente creo que la caída financiera está planificada. Hay personas u organizaciones detrás de todo este drama financiero. Están destruyendo las finanzas con el propósito de crear un nuevo sistema.

Como un Supermán, aparece la Comunidad Europea como el salvador del mundo. Muchos países se están aliando, incluyendo a los Estados Unidos. Todo el mundo tiene sus miras al C.E.

En el periódico, "Bay Of Plenty Times", en febrero 8 de 1992, en la p. 6 bajo el título: "El superpoder del C.E. se acerca", dice:

> El tratado de la Unión Europea, sus planos para diseñar la
> C.E. como un verdadero superpoder con un mercado único,
> una moneda y una voz en el drama mundial.

Mucho se ha dicho de esta moneda única, pero se ha dicho sobre las tarjetas plásticas. El ECU, La moneda de la Comunidad Europea, no es lo más común que se usa en Europa, sino las tarjetas plásticas.

La supuestamente desaparecida Unión Soviética y muchos otros países quieren pertenecer a este coloso financiero, continúa diciendo el periódico:

...el conocimiento económico es notorio; el comercio mundial está al punto del colapso y un agrio argumento se vislumbra sobre el bloque de las finanzas.

Inestabilidad política y economía acechan al antiguo imperio soviético, y un crecido grupo de miembros —por ingresar— están tocando a las puertas de la comunidad, demandando que se les permita el ingreso.

Es obvio que el mundo mira al C.E. como el Supermán económico y político. Aun la orgullosa Rusia trata de ser admitida.

Hay que crear un nuevo sistema y para eso hay que destruir el viejo sistema. Para poder construir un edificio donde estaba uno viejo, hay que destruir el antiguo. No se puede hacer un edificio con los cimientos del antiguo. Lo mismo sucede en las finanzas. Hay que destruir la moneda existente y crear un sistema mejor.

Subliminalmente engañados

Es aquí donde los mensajes subliminales juegan un papel muy importante en la edificación de este nuevo sistema de control. Hay tres cosas importantes que los mensajes subliminales no quieren presentar:

1. Sexo: Se vende mejor el producto cuando está plagado de información sexual. Poseo en mis estudios un vaso plástico llamado "vasos mágicos" donde aparecen unas letras camufladas que dicen sexo. Las grandes cadenas de tiendas y comidas rápidas están unidos a este movimiento político económico.

2. Ocultismo: Mucha de la ropa que compras está plagada de información ocultista. Los "vasos mágicos" que coleccionamos de estas grandes cadenas de comida rápida nos están diciendo algo más que "magia". La palabra mágico ya de por sí es ocultismo. Hay un anuncio en T.V. de una marca de chocolate que dice: "Magic in the Making", o sea, "Haciendo magia".

3. Cambios financieros: Muy poca gente se percata que las tarjetas plásticas están suplantando nuestro dinero. En vez de billetes o monedas se están usando tarjetas plásticas.

Destruyendo lo antiguo

En una ocasión mientras predicaba en Venezuela sobre este tema, se me acerca una joven peruana y me dice: "Ahora entiendo por qué cuando era una niña, había en mi país una moneda que tenía un animal con dos cuernos y tres seis en la parte inferior".

Eso no es de extrañar. Muchos billetes y monedas, incluyendo la americana, tienen mensajes subliminales, mayormente satánicos. Cuando me preparaba para mi primer viaje internacional para hablar de este tema, un gran amigo y pastor me dijo estas palabras que las considero proféticas: "Benjamín, siento de Dios decirte que a medida que vayas a lugares distintos a predicar sobre este tema, encontrarás información nueva para agregar a tu estudio".

Siempre que he visitado un país diferente tengo información nueva. En mi primer viaje a Argentina, un diputado del gobierno de Menem, me habló sobre un billete que se había retirado de circulación. Muchos cristianos se habían opuesto a su circulación debido a que aparecía la figura de un pequeño diablo en el billete.

Obtuve el billete de cinco pesos argentinos confidencialmente y después de analizarlo noté que, ¡justamente frente a la figura del general San Martín aparece un pequeño hombre con tridente en su mano derecha y un pequeño cuerno en la cabeza! Es muy difícil de notar por su pequeñez. ¿Cómo es posible que un mensaje tan pequeño pueda afectarte subliminalmente, si apenas lo ves? Yo creo que los mensajes subliminales no trabajan solo. Las influencias malignas están detrás de todo esto. ¡Acuérdate, subliminal significa oculto y sólo a él le gusta hacer las cosas ocultamente!

Muchos son los billetes que si se exponen ante una luz, se pueden descubrir, como sólo la luz de Cristo revela lo oculto de Satanás.

En el año 1990 estuve en la República de Kenya en África. Un hermano me habló sobre un billete que habían retirado de circulación, debido a la oposición nuevamente de los cristianos. Muchas veces subestimamos el poder del cristiano sobre las fuerzas de la tierra, incluso de Satanás. El cristiano tiene el dominio sobre la tierra, esa fue una promesa de Cristo a su Iglesia, que recibirían poder. Ese poder todavía está vigente. El presidente de entonces, Daniel Toroitich Arap Moi, aparece en el billete de cien *shillings*. Una figura como de culebra está a su alrededor. Los cristianos al tanto de lo que estaba sucediendo se opusieron a la circulación de este billete.

Me hospedaba en el hogar de un hermano que trabajaba en el Departamento del Tesoro del país y a través de él obtuve el billete.

En los periódicos de ese país apareció la noticia que el presidente y su gabinete formaban parte de un grupo satánico y todas las noches, él y su gabinete sacrificaban animales a las doce de la noche en la Casa de Gobierno.

Mientras predicaba en una plaza pública, aparecieron dos policías fuertemente armados con rifles, ametralladoras y revólveres, interrumpieron el culto y después de una conversación con el pastor encargado, me prohibieron hablar sobre los masones, lo cual había mencionado la noche anterior. Para sorpresa mía el presidente era masón.

En Argentina el diputado del gobierno antes mencionado, me había dicho que tuviera cuidado con los masones, ya que los había mencionado por la radio. Me confesó que ellos estaban envueltos en los asuntos del gobierno y que eran capaces de eliminar a cualquier persona que se cruzara en su camino.

En Puerto Rico, mientras yo hablaba por la Cadena de Televisión del Milagro, me llamó un masón y en forma amenazante dijo: "Gente como tú no deben vivir". Cada vez que se menciona algo sobre los masones, ellos se ponen furiosos y amenazantes.

En el billete de 100 australes en Argentina, a la derecha del billete se encuentra una especie de culebra enrollada y el número cien, que aparece al lado, parece estar encadenado. El dólar americano está lleno de símbolos satánicos. Son muchas las personas que admiten que el dólar americano está plagado de información ocultista.

Phil Young en su libro, "Save Our Democracy"[1] concerniente al dólar americano dice:

> Es interesante el hecho de que el símbolo satánico es una pirámide con un ojo en la cúspide, cercado con la luz mística de Lucifer. La pirámide tiene significado ocultista.

Barry Smith dice en la página 21, (en lo que llamó una obra maestra), de su libro: "Final Notice" (Noticia final)[2]

> Durante el año 1987 en medio de un viaje al Oriente Medio, visitamos una Iglesia Católica Romana en Nazaret. Esta iglesia se construyó donde se supone que fuera el lugar de vivienda donde vivían José, María y Jesús. Cuando íbamos a bajar las escaleras para visitar la casa vimos en la pared de la iglesia directamente encima del lugar de vivienda el ojo gigante en un triángulo. Me volví hacia el guía y le pregunté qué significaba el ojo, él dijo: "El ojo de Dios, señor", entonces le dije: "¿Eres árabe o no? Tú sabes que ese es el ojo de Horus de la mitología egipcia, en otras palabras, el ojo de Satán".

---

1. *Save Our Democracy*, The New Zeland Story por Phil Young, publicado por Sovereign Book, Limited © 1988, Hamilton, N.Z., p. 120.

2. *Final Notice* por Barry Smith. © Barry Smith, publicado por Barry Smith Family Evang; impreso en N.Z. por Wright & Carman LTD. Upper Hutt.

Texe Mars compara el ojo y la pirámide con Satán, además los astrólogos psíquicos y ocultistas lo usan como emblema.

Así por el estilo hay muchos billetes y monedas con símbolos satánicos que al exponerse a la luz revelan secretos ocultistas, pienso que nos están diciendo que Satán está en control de las finanzas mundiales.

¿Quiénes están detrás de todo esto? Hay muchas organizaciones y familias detrás. Sólo mencionaré entre ellos algunas de las más importantes:

1. Iluminatis: (Los Alumbrados") es una organización satánica que controla la mente de sus adeptos a través de la hipnosis, hechicería y control mental. Un sacerdote católico llamado Ignacio Loyola fue el fundador de esta orden secreta. Fue arrestado por los Dominicianos, que a su vez estaban a cargo de la Inquisición española, por estar envuelto en actividades ocultistas. Usaba meditación, contemplación, visualización e iluminación, a tal grado que podía levantarse del piso bajo el poder satánico. Loyola usaba:

- Meditación trascendental
- Filosofía
- Metafísica
- Lógica
- Psicoanálisis
- Psicología
- Hipnosis
- Telepatía
- Psiquiatría
- Psicoterapia

Ahora se les refieren por el nombre "Ciencia del comportamiento humano".

En el año 1776, en mayo 1, la organización de los Iluminados de Bavaria, fue tomada por Adam Wieshaup, un profesor de la Universidad de Ingolstadt, educado por los jesuitas.

Como la creencia *Iluminati* era diferente a la católica, para salvar a Loyola de la muerte, se le expuso al Papa de aquel tiempo que su plan era crear una orden llamada los Jesuitas, con el propósito de defender la fe católica y los intereses de la iglesia. El Papa le creyó y se nombró a David Weishaup como Fundador de los Iluminados, y a Loyola como Fundador de los Jesuitas.

Por eso es que David Yallops asocia la Mafia, el Vaticano, y los Masones como los Iluminados de hoy día. Los *Iluminatis* vinieron a ser la orden más importante de la orden jesuita.

El Vaticano tiene sus sociedades secretas, descritas en el libro de David Yallops, "En nombre de Dios como El Papa Negro". Los judíos tienen también su nombre negro detrás de esta sociedad llamada los *Iluminatis*.

Anterior al año 1848 los Iluminados patrocinaron a dos judíos, Karl Marx y su amigo Engels, un rico capitalista, y se escribió el Manifiesto Comunista. Rusia ha perseguido, incluso va a perseguir, a Israel con un ataque masivo. Ezequiel 38 nos describe esa batalla. Sin embargo Karl Marx era un judío. Él recibió dos cheques por Lord Rothchild otro judío, para llevar a cabo el socialismo. Hoy día, Rusia es enemigo asérrimo de los judíos.

Significado del ojo

El horus era un ave que vivía en Egipto; el águila. Podía volar tan alto en el desierto que parecía un punto negro, y sus ojos eran tan poderosos que podía ver su presa desde lo alto y descendía con presteza para cazarla. Los egipcios adoraban esta ave. Cazaban tanto a estas aves, para momificarlas y guardarlas bajo la pirámide, que se extinguieron. Este ojo es el mismo que aparece en el dólar americano y en la Logia de los Masones, alrededor del mundo, incluyendo a Puerto Rico.

La Nueva Era llama a esto el tercer ojo, o el ojo de Shiva, la cual es el equivalente de Horus en hindú. El Ajna Chakra, (punto o centro), es la frente de la Nueva Era. El tercer ojo de la Nueva Era es cuando ellos meditan y visualizan hasta que una imagen o pensamiento se forma. Esta imagen puede ser de un espíritu guía, quizás maestro ascendientes o de algún ángel.

Masones

La idea que mucha gente tiene de los masones es que son gente importante que se reúnen con el propósito de prestar algún tipo de ayuda social. Algunos piensan que son un grupo de personas que se reúnen para pasar un día agradable. Muy poca gente sabe la realidad de esta confraternidad secreta que se hace pasar por una sociedad humanitaria.

Masones, es el nombre que se le da a una de las más grandes y antiguas organizaciones fraternales en el mundo. Ellos promueven hermandad y moralidad entre sus miembros. Gastan millones de dólares anualmente para hospitales; hogares para las viudas, orfanatorios y para la ancianidad; ayuda humanitaria y becas para estudiantes.

Ellos llaman a su dios el "Gran Arquitecto del Universo", basan sus símbolos y rituales en su profesión de constructores. Sus ritos son secretos para todos, excepto para sus miembros.

Las personas que quieran ser masones tienen que aplicar para la membresía. Mayormente esto se hace a través de algún amigo que sea miembro. Después de ser aceptado se hace miembro del "Blue Lodge", la cual es la base de comienzo en la masonería. Se le dan tres grados principales. Cuando se hace miembro, automáticamente reciben el grado de "Entered Apprentice". Luego ellos deben ganarse el segundo grado, llamado "Fellow Craft", y el tercero "Master Masón".

Cada grado enseña una lección moral. Quizás por esta razón es que mucha gente entra a la organización. He hablado con algunos masones y hasta la fecha todos me han dicho que la organización les ha hecho mucho bien. Se sienten orgullosos de estar ahí, creen que la sociedad está para hacer bien a la comunidad. Esta participación social no es otra cosa sino una cortina de humo para que no se vea lo que hay detrás de todo esto. Para ganar un grado, deben aprender una lección que ellos le dan y participar en una ceremonia que los ilustra. Así continúan hasta llegar al grado 29. El primer grado es al "Scottish Rite", es el cuarto grado en la Masonería. El último grado es el 33.

Algunos de los nombres que se usan en sus grados incluyen, "Knight Of the Sun", (Caballeros del Sol), para el grado 28; "Grand Inspector Inquisitor Commander", (Gran Inspector Comandante Inquisidor), para el grado 31; "Soverign Grand Inspector General", (Gran Soberano Inspector General), para el último grado 33.

Historia

Muchas de las ideas y rituales de los Masones vienen del período de construcciones de catedrales entre los años 900 al 1600. Para ese tiempo, los Masones, (labradores de piedras), formaron asociaciones llamadas los "Guilds", (o sea gremios), los cuales eran asociaciones benéficas. Ellos eran labradores de piedras que viajaban de comunidad en comunidad. Tenían organizaciones llamadas, Logias. Con la declinación de las construcciones de catedrales en 1600, se convirtieron en puras sociedades de carácter social. Ellos alegan venir desde el tiempo de Salomón, sin embargo no hay evidencia actual que corrobore esta idea. Algunos piensan que ellos se originaron en las Islas Británicas.

Los masones no se originan en el templo de Salomón como algunos piensan. El "Grand Lodge", (Gran Logia), comenzó en Inglaterra en 1717. Desde 1600 en adelante se tomó tiempo de formarse lo que son hoy día. En ese tiempo, trajeron los primeros tres grados, después de esto, ellos eran sencillamente comerciantes que se reunían regularmente con sus pases y palabras secretas.

Desde el 1717 en adelante, pretendieron estar asociados con los Caballeros muy similar a la historia del Rey Arturo y los Caballeros de la Mesa Redonda.

Tanto los gobiernos como la Iglesia Católica han tenido mucho cuidado con los Masones. Incluso la Iglesia Católica se oponía a ellos. Más adelante los Masones y los *Iluminatis* se unieron y han estado trabajando febrilmente con el propósito de dominar al mundo. Su plan se desenvuelve de la siguiente manera:

Plan:

a) Destrucción de toda religión. Se infiltran como pastores, laicos, o líderes para luego crear división y caos.

b) Destrucción de todo gobierno existente. Por eso vemos tantas guerras civiles. Muchas de ellas causadas por los Masones.

c) Destrucción de instituciones.

d) Crear un Nuevo Orden Mundial.

Métodos:

a) Dividir masas (gente)

b) Causar problemas de índole social, político y económico.

c) Armar grupos opuestos con el propósito de debilitarlos.

Puntos principales:

a) Usar sobornos financiero y sexual para controlar a los que están ya en altos puestos dentro del gobierno, negocios e incluso iglesias.

b) Preparar jóvenes con aptitudes mentales excepcionales en universidades, con el propósito de entrenarlos para el concepto del Nuevo Orden Mundial.

Obtener control absoluto de los medios de comunicación incluyendo:

- Radios
- Televisión
- Las películas, Hollywood, juega un rol muy importante en este movimiento.

Se controla la mente del público a través de las comunicaciones. Se tergiversa la verdad y se enfoca sus propias ideas.

Sus metas:

a) Destruir los sistemas existentes:

- Político
- Financiero
- Religioso
- Crear nuevos sistemas:

1. Político; creando un Nuevo Orden Mundial y un solo gobernante. Según ellos para acabar con las guerras y la pobreza.

2. Financiero; dos pasos a dar:

- Creando un sistema electrónico a través de tarjetas plásticas por el momento.
- Un sistema de *chips*, (Banco de memoria) inyectado en el cuerpo. Esto no es otra cosa sino la marca.

Estas ideas de destrucción y cambios son de gobiernos socialistas y anarquistas.

1. *Anarquistas:* "Todo tiene que se destruido en orden, que todo pueda ser reconstruido". Sus metas se logran a través de la revolución.

2. *Socialistas:* "Todo tiene que ser destruido en orden, que todo pueda ser reconstruido". Lo obtienen a través del gradualismo.

En Nueva Zelandia los socialistas usaron tres programas políticos para lograr el control:

1. *Gradualismo:* Introducir planes en el gobierno poco a poco.

2. *Disposición:* El mayor propósito de este punto es adueñarse de todo tipo de propiedades, incluyendo a tus hijos.

3. *Arruinar:* Esta es la mejor forma de controlar a las masas.

En su libro, "En nombre de Dios", David Yallop hace una conexión entre los jesuitas y los *Iluminatis*. Es interesante el hecho que el símbolo Iluminati se encuentra en el dólar americano el cual es la pirámide con el ojo en la cúspide.

¿Quién lo puso ahí?

En marzo 5 de 1933, en aquel entonces el presidente de los Estados Unidos, Roosevelt, bajo proclamación, quitó a los E.U. del estandarte de oro, quitando así la obligación de la Reserva Federal de pagos con oro a los ciudadanos, sin embargo permitía a los financieros internacionales, el intercambio con oro. Más adelante se ordenó a los ciudadanos bajo fuertes penalidades, devolver a los bancos todo el oro que tenían en posesión en un intercambio por el papel moneda. Ahí se presentó el nuevo billete de un dólar, introducido por el mismo Franklin Delano Roosevelt, un masón de la Orden 32.

Los Masones y los *Iluminatis* derivan uno del otro y es por eso que sus intenciones son las mismas: crear un Nuevo Orden Mundial.

El origen del satanismo comienza en el antiguo Egipto y Babilonia, ambas organizaciones tienen el mismo símbolo: la pirámide. Las palabras que aparecen en la parte inferior del sello con la pirámide, dice en latín: "Novus Ordo Seclorum", esto es lo que hoy se conoce comúnmente como el Nuevo Orden Mundial. Esta palabra se usa mucho hoy día por grandes personalidades dentro de los gobiernos mundiales, y otras personas importantes dentro de la política como Bush, Gorbachov, Clinton, Kissinger y otros. Las palabras: "Annuit Coeptis", significan, "Nuestra empresa ha tenido éxito". En los primeros bloques de la pirámide aparece la fecha 1776 en números romanos. El 1 de mayo de 1776 fue cuando se fundó la Sociedad Iluminati. Hace doscientos años atrás que estas organizaciones secretas han comenzado su plan. Hoy día los gobiernos mundiales están hablando de este Nuevo Orden Mundial.

Las pirámides tienen connotación ocultista. Cuatro mil años atrás los Druidas, (Sacerdotes satánicos), hacían ritos satánicos en estas pirámides algo parecido a "The Temple of the Doom" (La película de Indiana Jones).

El ojo que aparece en la cúspide de la pirámide es el ojo del horus. El horus como ya dijimos era un ave egipcia muy parecida al águila. Para ellos este ojo significaba, el ojo que todo lo ve. Nada escapaba de esta ave. Tampoco nada se escapa ni escapará del ojo del Gran Arquitecto como suelen llamar los Masones a este ojo.

Los masones que están comenzando en la orden creen que este es el ojo del Dios cristiano, pues ellos no saben lo que hay detrás de todo esto. A medida que van avanzando en la orden se dan cuenta que el ojo representa a Lucifer.

De una forma u otra el comunismo se manifiesta a través de este ojo. A través de diferentes dispositivos auditivos, ellos vigilan, no sólo a sus ciudadanos, sino también al mundo. Ahora casi todos los gobiernos tienen sistemas de vigilancia con cámaras, dispositivos auditivos, satélites espías y aun más a través de cable T.V. con la nueva idea de la fibra óptica. Nadie escapará de la mano del ojo del Gobierno Mundial.

En la revista "Conocer y Saber", en la edición No. 19, pp. 28 y 29, se muestra una figura de un satélite con el ojo en el centro y el título dice: "¿Usted está seguro de que no lo espían?" y habla de los diferentes dispositivos que se utilizan para espiarnos.

Las pirámides están de moda. Aun aparecen en la ropa que usamos. El periódico el Nuevo Día, en la edición del 25 de noviembre de 1990, presenta una tarjeta llamada, "Universal Express", la cual tiene la pirámide en el centro con el ojo adentro de la pirámide.

La pirámide de Egipto es la construcción más grande hecha por el hombre aun hoy día. Las cuatro piedras angulares de la base quedan hacia el norte, este, sur y oeste, y cuando el sol cruza el equinoccio, no deja sombra ninguna debido a su forma puntiaguda. Por cada diez pies de inclinación, hay nueve pies de altitud; hasta llegar a la cúspide. Diez pies al poder de nueve es exactamente la distancia en pies de la tierra al sol.

¿Quién la hizo? ¿Con qué propósito? ¿Cómo la hicieron?

Los egipcios adoraban al dios Sol Ra. Los *Iluminatis* y los Masones le llaman Lucifer. Los cristianos lo llamamos Satanás. *¿Quién es ese Gran Arquitecto?*
A los Masones que se unen al culto se les indica al inicio de su deidad, (la cual es T.G.A.O.T.U.), que significa "El Gran Arquitecto del Universo", y también se le refiere como, "El Gran Geométrico." (Save Our Democracy, p. 161).
Más importante es saber aun lo que significa ese Gran Arquitecto o el dios de los Masones.
Barry Smith dice en su libro: "Final Notice":

Una copia emitida por un masón de la Orden 33 y el Gran Pontífice de la Masonería Universal el 14 de julio de 1889 para el 23 concilio supremo mundial. Esto te mostrará quién es el dios de los Masones: Albert Pike, Pontífice soberano mundial de los masones dijo: "Lo que debemos decirles a las multitudes es, adoramos a Dios, pero es el Dios que uno adora sin superstición. A ti, Soberano Gran Inspector General, te decimos, y lo pueden repetir a los hermanos de las órdenes 32, 31 y 30; que la religión masónica debe ser por todos nosotros los iniciados mantenida en la pureza de la doctrina luciferna. Si Lucifer no es Dios, ¿se molestaría Adonai, (Dios de los cristianos), en divulgar falsos y dañinos comentarios sobre él? Sí Lucifer es Dios. Desafortunadamente Adonai también es Dios. Porque la ley eterna es que no hay luz sin sombra, no belleza sin fealdad, no blancura sin negrura, porque lo absoluto puede solamente existir como dos dioses; la oscuridad se ha hecho necesaria a la luz para servir como su contraste y con un pedestal es necesario para la estatua y los frenos para locomotora ... La doctrina del satanismo es herejía y la pura y verdadera religión filosófica de creencia en Lucifer, la igualdad de Adonai, pero Lucifer dios de luz y Dios de lo bueno, está luchando por la humani-

dad en contra de Adonai, el Dios de la oscuridad y la maldad".[3]

La Biblia dice que Jesús es la luz del mundo y no Satanás
(Juan 1:4,5,7-9; 3:19-21; 8:12; 9:5). Tampoco Satanás es el
dios de lo bueno pues aun el mismo Jesús siendo bueno no se
catalogó, a sí mismo como bueno sino que llamó al Padre
bueno (Mateo 19:17) Él le dijo: *¿Por qué me dices bueno?*
Ninguno hay bueno sino uno: Dios...
En Isaías 5:20 leemos:

> *¡Ay de los que a lo malo dicen bueno, y a lo bueno*
> *malo; que hacen de la luz tinieblas*
> *y de las tinieblas luz, que ponen lo amargo*
> *por dulce, y lo dulce por amargo!"*

Muchos masones están ajenos de saber estas cosas. Aun
algunos insisten en pertenecer a esta diabólica organización.
Hacen como el avestruz, prefieren esconder sus cabezas en el
hoyo que enfrentarse a la realidad.

En una ocasión recibí una llamada a la estación de T.V.
en La Cadena del Milagro, mientras estaba dando un
programa en vivo, de un masón. Me llamó en privado y me
contó que el Señor le había iluminado a enfrentarse a la
realidad de que la masonería era satánica. Anterior a la
revelación dice él, había escuchado mi programa en el cual
decía que los cristianos no podían ser masones. Esto le
molestó tanto que trató de comunicarse conmigo para
insultarme pero no lo logró. Decidió entonces llamar a la
emisora para que me sacaran del programa. Trató muchos
otros medios drásticos los cuales fueron infructuosos.
Cierto día se puso en oración y a través de la Palabra, Dios
le mostró la verdad del asunto. Vino a darse cuenta de la
verdad cuando decidió dejar la masonería y tuvo un alter-

---

3. *Final Notice*, Barry Smith, p. 150.

cado con la secretaria. Hoy día tiene su propio programa de T.V. cristiano y fui su invitado en el cual atacamos la masoneríajuntos.

Sé de otros casos donde masones cristianos poco a poco han sido arrastrados hacia el paganismo y de otros que a tiempo, la luz de Cristo los ha iluminado. Los Masones piden más luz cada vez que van a un grado superior, pero sólo Cristo da luz.

Acuérdese hermano, el cristiano no puede ser masón.

Mormones

La historia mormona es tan confusa como lo son sus creencias ya que ambas se basan en la fe del profeta. Joseph Smith, su fundador, bajo relatos personales hizo creer que a él se le había entregado el privilegio de restituir "la verdadera religión". Smith se autoproclamó como el portador único de la verdad. Ed Decker y Dave Hunt dicen en su libro: "Los fabricantes de dioses":[4]

> La autoridad que esgrime la jerarquía mormona se inició con la declaración de José Smith de que todos los cristianos sobre la faz de la Tierra estaban siguiendo credos abominables y participaban en una apostasía mundial que habían destruido completamente la Iglesia que Jesucristo había fundado. Smith declaró que él había recibido órdenes de restaurar la verdad en la Tierra, y que como Moderno Fundador de la verdad de la Iglesia, era el único que disponía de la revelación de Dios ahora y durante esta dispensación.

El mormonismo no es otra cosa sino una forma modificada de lo que es el paganismo, la cual está camuflada de una fachada de terminología cristiana.

Se presentan como gente buena y con unas cualidades matrimoniales asombrosas. Aparecen anuncios en la televi-

---

4.   Fabricante de dioses, Ed Kecker y Dave Hunt, Harvest House Publ.
     U.S.A., © 1984, p. 9.

sión como hogares sumamente felices, enfatizando la solidez familiar. Sin embargo el periódico Denver Post, después de meses de investigación llegó a la conclusión de que la imagen acerca del mormonismo, que la mayor parte de la gente acepta, es "ilusoria".

La información del Denver Post manifestó:

1. En Utah donde 70% de la población es mormona el índice de divorcio es el mayor en toda la nación de Estados Unidos.

2. Siete de cada diez niños se conciben fuera del matrimonio.

3. El índice de crímenes en niños es cinco veces mayor en Utah que en toda la nación.

Los que conocen la historia de Joseph Smith, saben que él adoptó sus doctrinas rituales de la masonería y de otras religiones paganas como el hinduismo y el budismo. Es por eso que muchas de las costumbres de los líderes mormones son idénticas a los masones.

Metas:
La meta original de Joseph Smith y otros líderes, era establecer una teocracia que pudiera controlar a todos los Estados Unidos. Ya prácticamente casi controlan al Estado de Utah.

Doctrina:
Está basada en el ocultismo y tienen muchas ideas de la Nueva Era. Evidentemente Joseph Smith estaba envuelto en todo tipo de adoración satánica; verdad que se ha ocultado por sus adeptos por décadas.

Otras organizaciones

M. Basilea Schlink dice:

Unidos a estos grupos antes mencionados también están organizaciones internacionales como:

- UNO
- UNESCO
- Concilio de Iglesias Mundiales
- Club de Roma
- Fundación de ROCKEFELLER
- Fundación Ford
- Comisión Trilateral
- Grupo Bilderberg
- Masones
- Y en la cabeza de todas Los Iluminatis
- Familia Rothschild
- Grandes cadenas de comunicación como Cable T.V. y AT&T están involucrados en esto.

Personas: Nombres como Marilyn Ferguson, Robert Muller, Benjamín Greme, Rockefeller, Henry Kissinger, Robert McNamarah, Rothschild y muchos otros, por la lista es tan grande que no podemos mencionar.

5

ESTABLECIENDO LA NUEVA MONEDA

Ya se presentó el plan de destruir la moneda existente y quiénes son los que están detrás de esto. Ahora voy a presentar cómo Satanás ha comenzado a sustituir la moneda antigua por un método nuevo. Ya dije que Satanás no va a presentar una marca con un número llamado 666 e inmediatamente comenzar a usarla. Él viene con su plan maestro y muy sutil de implantar gradualmente la nueva moneda, la cual comenzará con el llamado "Dinero plástico", o sea tarjetas plásticas de crédito o débito y luego un sistema de implantación electrónico vinculado con el UPC u otros medios como el *chip*, *silicone*, etcétera.

¿Qué es el 666?

En Apocalipsis 13 el número 666 se presenta como:

1. Marca: viene de la palabra griega, *charogma* que significa grabar o esculpir, raspar, escarbar. Cuando se usa como estampa significa un emblema de servidumbre o pertenencia.[1] Proviene de la idea de rasparse o grabarse en la

---

1. Stay Concordance.

43

piel un emblema que denota pertenencia. Esto por lo tanto implica que la marca significa pertenencia de la bestia mencionada en el Capítulo 13, versículo 17 de Apocalipsis.

2. Nombre de la bestia: de acuerdo a la Biblia, el nombre se refiere a Lucifer, Satanás, el diablo o la Serpiente Antigua. La Nueva Era lo llama el tercer ojo. El ojo que todo lo ve. Este ojo representa unidad que incluye hechicería, satanismo, hinduismo, budismo, shintoísmo y todo pensamiento de idolatría. Los dioses que representan este ojo son: Horus, (Dios del Sol). RA, Shiva, (Dios hindú), Ajna Chakra, (ojo del centro).

3. Número de la bestia: este número, se le llama de la buena suerte por los pensadores de la Nueva Era. Algunos piensan que es un número sagrado o de luz. Alice Bailey, la fundadora de "Lucís Trust" y pensadora de la Nueva Era dice que el 6 es el número de luz. Es el número de Shambala, la supuesta ciudad celestial donde vive Lord Maitreya, el Cristo de la Nueva Era. En el libro, "A "Treatise on Cosmic Fire" vincula a las pirámides con el 666.

Djwhal Khul, (un demonio guía de la Nueva Era) dice que el 666 es una fuerza destructiva.

Otros lo comparan con un gran maestro llamado el Cristo de la Nueva Era. Mucha gente cree que será Lord Maitreya, (un espíritu satánico de la Nueva Era). Este podría ser el mismo Satanás personificado en algún ser humano.

En la Antigua Babilonia el 6 simbolizaba un éxtasis sacramental sexual en el cual los participantes se unían a las divinidades del universo y con la Madre Diosa. El Triple 6 —666— era número mágico de la diosa Istar, también llamada la Triple Afrodita por su representación de la trinidad satánica, madre-padre-hijo.

Los feministas de la Nueva Era consideran el triple 6 o sea el 666 el número más sagrado. El tres significa la triple diosa, (Istar o Afrodita) y el 6 significa unión con el padre. (Ver Apocalipsis 17:5.)

Apocalipsis 13:16 dice que la marca tiene que ser puesta en la mano derecha o en la frente. Este número es muy común en la Nueva Era y lo usan en referencia al tercer ojo o el ojo que todo lo ve.

La idea del tercer ojo se remonta al tiempo de la Atlántica cuando Lucifer gobernaba sobre la Tierra, (Isaías 14). Según W.S. Ceve, en el libro, "Lemuria, el Continente Perdido del Pacífico", afirma que esta civilización vivió sobre el Continente hasta su destrucción.

Esta cultura era muy avanzada y construían grandes edificios, templos y medios de transportación. Los ocultistas suponen que esta civilización tenía en la frente un tercer ojo. Platón hace referencia en su diálogo a un rey llamado Poseidón. El culto a Poseidón fue universal en las primeras épocas de Europa.

Esta parece ser la razón por la cual los ocultistas de la Nueva Era ubican el número 666 en la frente.

Lo importante aquí es entender que la Biblia vincula una marca, —charagma—, con un número, —666—, y la adoración a los demonios y a Satanás. El hecho de aceptar la marca voluntariamente implica la aceptación de Lucifer como Dios.

Mucha gente no se dará cuenta del peligro que la marca representa, sino hasta después. Para muchos será muy tarde.

Tarjeta plástica — la nueva moneda

Frente a mí en estos mismos momentos, mientras estoy escribiendo estas líneas, se encuentra una tarjeta plástica de 250 bolívares, en dinero americano, que en estos momentos representa, $2.40 y se llama CANTV. Esta tarjeta es como si fuera dinero efectivo para hacer llamadas en los teléfonos públicos de Venezuela. Los teléfonos que usan tarjetas se ven por todas partes. Hay muchos kioscos que venden estas tarjetas, usted puede comprar una por la cantidad estipulada y hacer una llamada. Cuando el importe de la misma se acaba, sencillamente se vota.

Las tarjetas plásticas están tomando un auge tremendo. Antes era muy difícil adquirir una tarjeta de crédito. Ahora, en sólo 24 horas le pueden aceptar, aun si tiene mal crédito. ¿Por qué estos cambios? Ellos le podrán decir que la competencia es cada vez más fuerte. Eso es sólo excusas, la realidad es que la gran competencia se debe a que sólo una tarjeta va a ser permitida a nivel internacional. Todas las grandes corporaciones se tienen que unir en una sola.

Todo se está unificando en el mundo. A medida que nos acercamos al año 2000, tanto los bancos como los comercios se tienen que unir para que así el nuevo sistema de transacción electrónica pueda funcionar. Los que no se unan serán sacados fuera de función.

Hace años atrás el ex gobernador de Puerto Rico, Rafael Hernández Colón, (en aquel entonces gobernador), salió a Europa en busca de una mejor economía para la Isla, no mucho tiempo después todos los banco en Puerto Rico se tuvieron que unir para poder competir y sobrevivir a nivel internacional.

Una red bancaria y comercial se está formando a nivel internacional donde la idea es unificarse. Todo el que no entre al sistema saldrá fuera de función. Grandes tiendas como, J.C. Penney, K-Mart, Wal-mart, Sears, etcétera, están expandiéndose en áreas principales de comercio, los pequeños negocios serán absorbidos por los grandes. Es por eso que se están construyendo grandes centros de comercio cerca de usted. Las tarjetas de crédito son muy bien recibidas, especialmente la que represente su propia tarjeta. Toda transacción será a través de tarjetas plásticas.

Tanto ha sido la fama de las tarjetas plásticas que ahora se les llama "el dinero plástico".

En Nueva Zelandia hay una tarjeta para hacer llamadas telefónicas, con Telecom, puedes llamar desde 69 diferentes países a tu casa. Los anuncios que se hacen para promover esta tarjeta dicen:

"Stay on top with a Telecom Calling Card One World. One Card. No problem" (Manténte arriba con la tarjeta de llamadas Telecom. Un mundo. Una tarjeta, no hay problema.)

El anuncio enfatiza en una sola tarjeta universal, un mundo, una tarjeta o sea unidad mundial.

Años atrás, para la década de los ochenta, había en Puerto Rico una tarjeta llamada Presto Cash. Los anuncios de la televisión mostraban a una mujer con una tarjeta Presto Cash. Cuando la ubicaba sobre los eslabones de una cadena que representaba a los bancos, la tarjeta se le convertía en dinero efectivo en sus manos. El anuncio luego decía: "¡Presto Cash igual que si tuviera dinero en efectivo!"

Tarjetas inteligentes

Alvin Toffler en su obra; "El poder cambiante", (Povershift), donde nos habla de los cambios drásticos del dinero. En un resumen sobre esta obra, en la revista, Año Cero, edición No. 4, p. 33-34, nos dice con relación a estos cambios:

> Hasta el papel moneda se vuelve sospechoso. ¿Quién cerraría una gran operación pagando con billetes sin arriesgarse a que se dude de la legitimidad de su procedencia? Hasta los cheques y las letras de cambio van siendo sustituidos por tarjetas de créditos y otras operaciones realizadas por medio de transacciones electrónica... El para-dinero electrónico está sustituyendo la misma concepción tradicional del dinero.

Aun los expertos están de acuerdo de que el cambio financiero a través de tarjetas, es necesario. El papel dinero es poco confiable e inseguro.

Ahora están apareciendo tarjetas más sofisticadas llamadas "las tarjetas inteligentes". Hay millones de tarjetas de crédito en uso hoy día. Sin embargo, las nuevas tarjetas inteligentes están reemplazando a todos.

En la revista "Mecánica Popular", febrero de 1993, (Electrónica, p. 68 nos dice:

Pero ya ha hecho su aparición una nueva tarjeta de crédito que ha sido considerada "inteligente". ¿En qué consiste esta nueva tarjeta? Analicemos rápidamente la tarjeta de crédito inteligente:

Es del mismo tamaño y tiene la misma forma y apariencia que una tarjeta de crédito convencional.... La única diferencia es que la tarjeta de crédito tiene una ficha, ("chip") electrónica hecha de oro, la que se encuentra embebida dentro del material plástico. Como es de suponer, esta ficha es el cerebro de la tarjeta, en donde reside su inteligencia.... La misma durante algún tiempo ha venido siendo utilizada en Europa para una variedad de propósitos. Por ejemplo, en Irlanda, los usuarios adquieren una tarjeta Telecom Eireann Callcard, por una tarifa fija y la emplean para realizar llamadas telefónicas. A medida que se realiza es substraído de manera electrónica del valor de la tarjeta. Cuando el consumidor ya ha usado sus unidades de crédito, el teléfono no aceptará más esa tarjeta.

En Estados Unidos esta tarjeta se está comenzando a usar especialmente en los supermercados. La compañía Super Value Stores, Inc., la pionera en E.U. está en planes de instalarla en 200 de sus tiendas y el sistema que se utilizará es "Visión".

El sistema Visión es una caja registradora muy compacta que mide 16 pulgadas de largo por 9 pulgadas de alto. Tiene una pantalla en video sensible al tacto que muestra las ofertas especiales de los productos, o sea, dice cuáles son los artículos rebajados en una pantalla de video. También tiene una pantalla registradora que funciona electrónicamente y muestra el precio del artículo que ya ha comprado. Justamente al lado se encuentra una impresora que produce cupones de descuentos.

Lo más importante de este sistema es que tiene un lector de tarjetas. Sólo tiene que colocar la tarjeta inteligente e inmediatamente se le carga a crédito, no sin antes el usuario hundir un teclado donde entre su NÚMERO PERSONAL DE IDENTIFICACIÓN, (el énfasis es mío), la cual da permiso para el uso de la tarjeta.

Este sistema también se está integrando en los programas de Seguro Social, en algunas ciudades como, "Saint Louis", "Missouri" y Danton, Ohio. Estas tarjetas están sustituyendo los cheques del Seguro Social, en la cual los beneficios son almacenados en la tarjeta. Usted como beneficiario no recibirá dinero efectivo. El importe por la cantidad que se recibe, irá directamente al banco. Las transacciones se harán de banco a banco electrónicamente. Al no recibir dinero en efectivo la persona se va acostumbrando a la idea de no llevar dinero encima. Este sistema es mucho más conveniente y efectivo que el papel dinero y las monedas. ¿No cree usted que esto es una forma de destruir el dinero?

La revista No. 4, Año Cero, dice al respecto de esta tarjeta inteligente:

> En Estados Unidos se ha probado la tarjeta básica que permite a los beneficiarios de la asistencia social, efectuar sus pagos de comida, alquiler de casa y transporte. Se multiplican las tarjetas especializadas para pago exclusivo en restaurantes, almacenes, peluquerías o simplemente para abonar las cuentas de teléfonos.

En España se pueden hacer múltiples compras a través de la tarjeta XIP. También tiene integrada un pequeño banco de memoria, (*chip*). Según Toffler, todo ello está contribuyendo a la creación, no de una sola "aldea global" como preconizaba Mc Luhan, sino de una pluralidad de "aldeas globales". Cada una con su peculiaridad lingüística, étnicas y culturales, y con productos cada vez más diversificados" (p. 35).

Método electrónico

En el periódico El Mundo, martes 28 de febrero de 1989, en la p. 44 se redactó esta interesante noticia:

> No se sorprenda si dentro de poco la compañía para la que usted trabaja anuncia que comenzará a depositar directamente la nómina en las cuentas bancarias de los empleados,

en vez de utilizar el tradicional cheques como vehículo de pago.

La excusa para depositar el dinero directamente al banco es el ahorro en el manejo de cheques. Según el presidente de P.R. Clearing House Asociation, en la Isla se generan tres millones de cheques diarios, (casi la población de la Isla), a un costo de entre .17¢ y .25¢ por cheque.

Otra excusa es la conveniencia de este nuevo método. Según el citado señor, el establecimiento de un ACH en Puerto Rico, permitiría a las firmas comerciales electrónicamente el pago de la nómina.

Las excusas expuestas son válidas pues el ahorro en cheques sería inmenso. Los que trabajan en fábricas no tendrían que salir a prisa para poder cambiar los cheques en los bancos haciendo largas filas. Pero desgraciadamente la verdad no es sólo eso sino que se está tratando de establecer un nuevo sistema financiero que finalmente llevará al mundo a la marca de la bestia.

Pienso que ni en Puerto Rico ni en muchos lugares del mundo se sabe la verdadera razón. Sin embargo la iglesia de Dios tiene que estar al tanto de lo que está pasando.

Daniel dice que sólo los justos entenderán lo que estará aconteciendo:

Los entendidos resplandecerán como el resplandor del firmamento; los que enseñan la justicia a la multitud, como las estrellas a perpetua eternidad. Pero tú, Daniel, cierra las palabras y sella el libro hasta el tiempo del fin. Muchos correrán de aquí para allá y la ciencia se aumentará.

Daniel 12:3-4

Dios ha levantado a los necios para hacer quedar en ridículo a los sabios. ¡Pueblo abre tus ojos y entiende que ha llegado el tiempo de Dios! En muchos lugares que voy me encuentro con gente que me dicen: "Ten cuidado, también en la Edad Media muchos creyeron que ese era el tiempo de Dios y Cristo nunca llegó". El pueblo de Dios está ajeno a lo que está aconteciendo en el mundo. Sólo un ciego no podrá notar lo que nos está enseñado la televisión y los medios de comunicación sólo un sordo no oye lo que nos dice la Nueva Era. Incluso hay un grupo que se llama Dominio que enfatiza que Cristo todavía se tardará mucho en llegar. A veces digo: ¿Cómo es posible que todavía la gente, especialmente, el llamado "Pueblo de Dios", no entienda lo que se está cuajando ante nuestro propios ojos? "¡Despierta pueblo mío y mira a tu alrededor y verás que el alba ya vislumbra!" Tú eres parte de los entendidos que resplandecen como una antorcha encendida en medio de una densa oscuridad. Cada vez que tu voz se alza para proliferar el mensaje de la venida de Cristo, tus ojos se abren como antorchas encendidas y cada vez otros vienen al conocimiento de la verdad, otras antorchas son encendidas para que la luz alumbre a los que aún están en tinieblas.

En una entrevista que tuve por teléfono, con el presidente de la compañía citada anteriormente el día 28 de marzo de 1994, me dijo que cinco años después el plan aún está caminando, pero sin muchos efectos "todavía".

Tarjetas de débito

Las tarjetas de débito es lo que ahora está en la moda. Los periódicos y revistas nos dan montones de información casi a diario sobre estos cambios de tarjetas.

El Nuevo Día, el domingo 5 de septiembre de 1993 en la p. 125, aparece el título: "A la vuelta de la esquina las tarjetas de débito" (Por Jerry Underwood de Newhouse News Service).

Existe una nueva tarjeta plástica en su futuro que luce como una tarjeta de crédito convencional y funciona como un super- cheque que se mueve a la velocidad de la luz. Haga espacio en su billetera a una tarjeta de débito, porque los expertos dicen que su día se acerca.

Se le llama cheque electrónico, dijo Rut Susswein, ayudante del director del Bancard Holders Of América, un grupo de educación al consumidor, de Herdon, Virginia. Antes de que transcurra mucho tiempo, usted usará este cheque para pagar comestibles, gasolina, impuestos, sellos, comida rápida, para prácticamente cualquier transacción para la cual usted ahora utiliza cheques o efectivo. Con un sistema de débito en línea, la transacción completa tarda sólo segundos.

Las tarjetas de débito prometen ventajas en todas partes. Los comerciantes pueden utilizar su cuenta bancaria para retirar lo que usted debe. Contrario a las tarjetas de crédito, no se pagan cargos por interés por las transacciones de débito. Los bancos ya no tiene que procesar montañas de cheques de papel.

El señor Mckinley, Presidente de RAM Corp., dijo: "El futuro de las tarjetas de débito sobresaltan los montes. . ." (Nuevo Día, domingo 5 de septiembre de 1993). Pronosticó que 100 millones de tarjetas de débitos se estarán usando para fines de 1994.

Existen dos clases de tarjetas de débito:

1. *Fuera de línea:*

   Esta funciona como tarjeta de crédito, pero los pagos son restados de la cuenta de cheques en vez de ser facturados al final del mes, el cliente sólo firma una ficha de venta que se envía de vuelta al banco para el pago. El problema de esto es que se tarda dos a tres días en registrarse en el banco.

2. *En línea:*

   En línea, un comerciante posee un terminal especial (no así en fuera de línea) que funciona como cajero automático, efectivamente. Esto lleva a cabo transacciones al instante. Esta transacción puede llevar los fondos al banco del comerciante a la velocidad de un rayo. Esto, por ende, ofrece una seguridad tanto al comerciante como al consumidor adicional, es muy conveniente.

Dice Mckinley:

Y existe otra razón por la cual las tarjetas de débito se están haciendo más populares entre los consumidores en la austera década del noventa: "Existe una aversión a endeudarse". (Nuevo Día, domingo 5 de sept. 1993).

Ahora Visa y Mastercard también tienen líneas de débito. He aquí una entrevista que le hiciese al gerente del Banco Popular en Moca, Puerto Rico el 20 de marzo de 1994:

Pregunta: ¿Cuál es la diferencia entre la tarjeta de crédito a la de débito?

Respuesta: En la de crédito se puede obtener servicios, mercancía o dinero a través de nuestros bancos. Es algo así como: Compra ahora y paga después, débito es como si fuera dinero efectivo al momento. Compra ahora, paga ahora.

Pregunta: ¿Esto es en Puerto Rico o también se puede usar en Estados Unidos?

Respuesta: Esto puede usarse en todas las tiendas afiliadas con A.T.H. en todas partes del mundo, incluyendo a Europa.

El departamento del *Sheriff* (alguacil) en Estados Unidos llevan con ellos unas máquinas electrónicas donde le pueden cobrar a través de Visa o Mastercard un boleto (ticket) en débito, o sea, al momento.

Es interesante saber el avance de estas tarjetas que nos afectan en nuestra vida diaria de una forma impactante. Las tarjetas tienen sus puntos positivos. El peligro de esto es hacia donde nos lleva y eso es lo negativo.

The San Juan Star, jueves 16 de diciembre de 1993, p. 31. "Tarjeta de débito del Banco Popular ATH gana popularidad en Puerto Rico...", decía el título del periódico.

Me sorprende cómo estamos siendo arrastrados hacia un nuevo sistema financiero y todavía no caemos en cuenta de lo que pasa a nuestro alrededor. Hay veces que quisiera entrar en las mentes de los cristianos y gritarles: ¡Cuidado con la pendiente! Es como si mucha gente fuera caminando hacia un precipicio con sus mentes hipnotizadas, sin mirar a los lados, solamente hacia el frente, hacia el abismo. Con esto no estoy diciendo que las tarjetas de débito o crédito son pecado. ¡No! sólo quiero decir que vean cómo estamos siendo cambiados de un sistema a otro sin que notemos que el cambio final puede ser la marca de la bestia.

Dice el artículo:

> El Banco Popular está intentando que sus clientes dejen sus libretas de cheques y aun su efectivo... (o sea el dinero) en su casa... Los clientes pueden ahora usar su ATH para pagar su ropa en tiendas afiliadas —Kress, zapatos en los almacenes González y Pinturas en Glidden, también el arroz y habichuelas en los Supermercados Pueblo, Mr. Special, y gasolina en algunos puestos Gulf... El servicio de las tarjetas de débito del Banco Popular comenzaron en abril de 1992, cuando el banco conectó sus líneas a pueblo en De Diego Plaza las Américas. Esto es parte de todo lo que el banco está avanzando hacia el banco electrónico que también incluye tranzar por teléfono y depósitos directo de los cheques de pagos.
>
> El dinero va de tu cuenta hacia la cuenta, dijo Kesler, explicando cómo trabaja el sistema de débito.

Los mensajes que nos envían de ATH tienen su función gradual y subliminal. Por ejemplo, los anuncios que salen en los periódicos aquí en Puerto Rico. En una página, aparece el anuncio de la tarjeta ATH del Banco Popular y dice: **sirve para los tomates**, más abajo dice: "sigue" (indicando que continúe en la siguiente página). En la próxima página dice: **sirve para la lechuga**. Nuevamente se repite la palabra "sigue" en esta página, luego en la próxima página dice: **sirve para la leche**, vuelve a mencionarse "sigue" y en las últimas dos páginas con letras bien grandes y la figura de una tarjeta de ATH que toma casi la mitad de una página dice: **Ahora también sirve para hacer la compra**. Más abajo dice: ¡Y ESTO ES SÓLO EL COMIENZO!"

Gradualmente se nos está llevando un mensaje al subconsciente. Página a página nos anuncia que se puede hacer una compra con ATH, que ahora sólo está en su comienzo. ¿Qué nos querrán decir con esto? ¿Que algún día esta tarjeta será el número de control financiero?

EFTPOS - "Electronic Funds Transfer at the point of Sale" (Transferencia de fondos electrónicos al punto de la venta). Esta es una tarjeta que se usa en Nueva Zelandia. Una vez haya decidido pagar algo en esta tarjeta, lo único que tiene que hacer es entregarla al vendedor, éste la inserta al terminal de EFTPOS y frente a usted se marca la cantidad de la compra. La compra no se puede efectuar si no se presenta el PIN (Personal Identification Number) Número de identificación personal.

Para todo se necesita una identificación personal (I.D.). En Nueva Zelandia hay una tarjeta de salud llamada Community Service Card. Con esta tarjeta vale más barato las visitas al médico. ¡Aun las medicinas se incluyen en este plan con un precio mucho mejor! El gobierno envía cartas "Confidenciales" a los acreedores de estas tarjetas pidiendo sus números de identificación personal. Estos números son secretos. También las tarjetas como EFTPOS tienen su número secreto. En posesión tengo un folleto del Trust Bank de Nueva Zelandia que dice:

¿Tenemos su número del IRD? Desde el 1 de abril de 1992 el Departamento de Rentas Internas requiere que todos los bancos tengan que deducir el impuesto del interés pagado de 33% a menos que el cliente provea su número de IRD al banco, no se le rebajará al 24%.

Esto es una estrategia del gobierno, prometiendo bajar el impuesto de un 33% al 24%, si entrega su número de I.D. personal.

En una revista de Nueva Zelandia aparece un anuncio de la "National Insurance" donde aparece una foto a mitad de cuerpo, de un hombre sin rostro y con un número en la frente.

El presidente Bill Clinton está presentando una tarjeta de salud y en Puerto Rico el gobernador Pedro Rosselló también. Todo tipo de tarjeta ha tenido un alza en los últimos años. **"Crece la confianza en el dinero plástico"**, dice una conocida periodista puertorriqueña. El vocero de la Fundación Privada de Nueva Zelandia dice con relación a los nuevos zelandeses: "Ellos saben que la agenda real del gobierno es llevarnos a una tarjeta inteligente que será introducida a cada una de las vidas de los nuevos zelandeses (Sunday News, nov. 24, 1991).

Los problemas financieros pueden ser solucionados con simplemente presentar una tarjeta inteligente. Nos evitaríamos:

- Filas en los bancos.
- Muchos robos.
- Gastos extras en cheques o papel moneda.
- Quedarnos sin dinero en algún país extranjero.
- Inconvenientes en los supermercados y tiendas.
- Y otros problemas más.

No lleve dinero

Cuando veamos anuncios que nos indican que no llevemos dinero, nos "despierta la bombilla del cerebro" diciéndonos: ¡Cuidado, puede ser una trampa! Sí hermano las artimañas de Satanás son muy sutiles y como son tan difíciles de entender tenemos que tener cuidado a todo lo que nos rodea.

Anuncios como: "No lleve dinero es igual... con las tarjetas, su banco va a tener sus gastos siempre cubiertos".

O cuando vea el seguro social enviándole adjunto con el cheque mensual un cartoncito que nos dice: "Get direct deposit" (Acógete al depósito directo). Puedes recibir tus beneficios del seguro social en forma segura, confiable y conveniente. Depósito directo te ofrece esto porque tus pagos son automáticamente depositados en tu cuenta".

Cuando digan en su trabajo: "Los pagos se harán directamente al banco a través de depósito electrónico". Sólo entonces sabrá que le están diciendo que no quieren que tenga dinero en sus manos. El dinero constante y sonante será sacado de circulación y por ahora vendrá el dinero plástico a través de tarjetas plásticas. **Pero aún esto será obsoleto, las tarjetas plásticas tampoco funcionarán y es ahí el entrampamiento, cuando nos presenten LA MARCA.** Mucha gente me pregunta si es pecado usar tarjetas de crédito o de débito. No es pecado usar tarjetas de ninguna índole. La Biblia no nos habla de tarjetas o algo parecido, sólo nos advierte de la marca con un número (666) vinculado a una adoración a Satanás. Eso sí es pecado, tanto marcarse como adorar a Satanás.

Tatuajes

La Biblia nos advierte en Levíticos, concerniente a la marca:

Y no haréis cortadura en vuestro cuerpo por un muerto, ni imprimiréis en vosotros marca alguna.

Levíticos 19-28

En el comentario bíblico de Adams Clarke (6 tomos), en el vol. 1, nos dice sobre este texto:

Era una costumbre muy antigua y muy general de cargar marcas en sus cuerpos en honor al objeto de su adoración. Todas las pinturas que los hindúes llevan en su frente o en cualquier otro lugar, se conocen como marcas sectarias, los distinguen el uno del otro; no sólo en lo civil sino también en lo religioso.

La mayor parte de las naciones bárbaras que se han descubierto últimamente se han cortado o tatuado sus caras, brazos y pechos; probablemente por propósitos supersticiosos. Escritores antiguos han escrito sobre abundantes hechos de las marcas hechas en el rostro, brazos, etcétera, en honor a los diferentes ídolos... Todo esto fue hecho por propósitos supersticiosos y por eso probablemente se prohibió.

La palabra hebrea para tatuarse viene de la palabra *ga'aga* que significa incisión o marcarse, en sentido original, significa cortarse.[2] Levíticos nos advierten de esta práctica pagana. Los paganos en sus fiestas y funerales causaban cortaduras sobre sus cuerpos para mostrar reverencia a sus dioses, o para mostrar su dolor por la pérdida de un ser querido (véase Levíticos 21:5). Algunos expertos en simbología e historiadores piensan que tatuarse el cuerpo comenzó como una forma de iniciación y adoración de los antiguos egipcios. En los archivos de Tertuliano nos habla sobre Mitra Neophyte, o candidato, que se le daría un nombre secreto, seguido por una marca en la frente la cual consistía en poner un símbolo en la frente con un hierro caliente, luego en forma de trance se continuaba con un baile en un círculo simbólico y se ofrendaba incienso, bebidas embriagantes y sexo libre.

Los tatuajes son antiquísimos, sin embargo, hoy día están de moda. El sexo libre, incienso, drogas, bebidas y bailes exóticos también están en moda.

En mi viaje a Europa, mientras caminaba en las calles de Londres vi un grupo de jóvenes con peinados anormales, sus cuerpos estaban llenos de tatuajes. Sólo miré alrededor de usted y verá a mucha juventud dañando sus cuerpos con estos tatuajes.

Tatuar los cuerpos en el pasado estaba unido a un tipo de adoración pagana. Las personas que están metidas en el satanismo, tatúan sus cuerpos como una señal de adoración a

---

2. Strong Concordance.

Satán. Es como un distintivo que los difiere de otros grupos religiosos.

Creo firmemente que la marca de la bestia no es sólo un simple número marcado en la frente, sino que hay una implicación de adoración en honor a Satanás. Lo peor de la marca de la bestia no es el número sino la pertenencia, el control absoluto que Satanás tendrá sobre los que se marquen.

La posesión de demonios será algo común, la gente vivirá bajo un trance hipnótico por parte de las fuerzas satánicas. Millones de personas quedarán a merced del diablo. Y ¿quién sabe, si aun los *chips* electrónicos tengan algún efecto cerebral que ayude al gobierno a controlar la mente? Esto puede ser posible. Lo que antes era ciencia ficción hoy es una realidad.

6

¿HACIA DÓNDE NOS LLEVAN?

En el sistema en que vivimos el hombre ha aprendido a depender del dinero. Todo lo que hace es basado en ello. Si se le quitase el dinero de la noche a la mañana, muchos incurrirían en suicidios, homicidios y amotinamientos. Crearía un caos entre los afectados.

En febrero de 1994, estuve en Venezuela, uno de los bancos más importantes se fue a la quiebra. La reacción de los clientes fue alarmante. Largas filas de personas que se amontonaban desde muy temprano en la mañana en espera de que se le devolviera sus ahorros. Muchos, impacientes por la devolución de sus ahorros, cayeron en tensión y si los administradores del banco no actúan rápido hubiese creado un caos en el país.

Si solamente la quiebra de un banco creó confusión a nivel nacional, ¿cuánto más sería si se le quitase el dinero a la humanidad a nivel mundial?

Esto podría crear guerras, tumultos y suicidios en masa. Crearía un caos con efectos irremediables. Cuando "Wall Street" cayó en la semana de octubre 24-30 de 1929, uno de los aspectos que más se publicó sobre su caída fueron los suicidios. Grandes magnates perdieron su fortuna de un día para otro, algunos cometieron suicidio saltando de sus oficinas desde lo alto del edificio de "Wall Street".

Antes los grandes negocios dominaban las finanzas del país. Después de la caída de 1929, el gobierno americano tomó el control.

La depresión fijó la escena para que el Gobierno Federal dominara todo el mercado, bancos, comercios y la economía.[1]

Esto nos indica que si la economía mundial colapsase tiene que venir un gobierno mundial que tome control de la economía. Según el famoso economista, doctor Raví Batra, a finales de la década del 1990, necesariamente tiene que venir un colapso financiero con un alcance mundial.

El colapso del "Stock Market" en América va a ser precedido o seguido inmediatamente por colapsos similares en todo el mundo".[2]

Él piensa que será la peor de la historia debido a la interdependencia internacional. Vendrán muchos pequeños colapsos antes de que venga la gran caída económica que jamás se haya registrado en la historia de la humanidad. Con la caída de la economía de los Estados Unidos el Presidente Rooselvelt, estableció el "Federal Reserve Board", como la autoridad en bancos. Los bancos independientes que no se unieron al sistema de reserva federal no podían transar con los bancos miembros. Esto creó un Banco Central, controlado por los Federales.

Rooselvelt era masón y creía en un Nuevo Orden Mundial. Es posible que haya organizado este sistema bancario, con miras hacia el Nuevo Orden. Los Federales podrían estar detrás del colapso financiero en Estados Unidos. Al caer los

---

1. Larry Burket, *The Coming Economic Earthquake*. Moody Press. Chicago © 1981 p. 27.
2. Rabí Batra, *Surviving the Great Depression of 1990*, © 1988, p. 63.

E.U. y posiblemente Japón juntamente, el resto del mundo caerá como el juego de dominó en hileras.

Cuando la burbuja especulativa en estas dos naciones líderes, la repercusión se dejará sentir alrededor del mundo otra ves más.[3]

Tanto el doctor Ravi Batra como Larry Burket (dos famosos expertos en finanzas) creen en el ciclo de los 60 años.

¿Qué es el ciclo de 60 años?

Es la teoría de que la economía consiste en largas olas de actividad caótica, estos son períodos de cambios económicos que incluyen depresiones financieras, guerras, inflaciones y otros. Se piensa que cada 50 a 60 años sufre una caída estrepitosa de las finanzas. Hay suficiente data, del punto de vista histórico para probar que la economía ha sufrido un cambio económico en picada que ha durado de 3 años o más.

Larry Burket nos dice al respecto:

También creo que el período de 60 años debe medirse desde el final de una depresión mayor al principio de la próxima. Midiendo desde el final de la última gran depresión, pondría la próxima gran depresión en el año 2000 (habrá algunos que otros variables).

Vamos hacia el año 2000

Estas depresiones son predecibles dicen estos expertos. Estamos más cerca de este evento de lo que muchos se imaginan. Cristo viene pronto y a pesar de que sería antibíblico señalar una fecha la Biblia nos podría dar posibilidad de un tiempo

---

3.   Ibid, p. 47.

que aunque no sea fijo nos indica más o menos el tiempo. Mateo 24 y Lucas 21 nos señalan cuánto más o menos es el tiempo aunque no nos da nada definido o fijo.

Cuando Pedro escribió las epístolas, habló sobre la Segunda Venida del Señor. Bien sabía él que este evento iba a ser lejos en el futuro y que muchos se burlarían por la tardanza, él dijo:

> *Mas, oh amados, no ignoréis esto:*
> *que para con el Señor un día es como mil años,*
> *y mil años como un día .... Pero el día del Señor*
> *vendrá como ladrón en la noche.*

2 Pedro 3:8-10

A pesar de los muchos burladores que hay hoy día, también hay muchos escolásticos de la Biblia que creen que el hombre no puede continuar a este ritmo en que vamos después de 6.000 años de existencia.

1. Lactancio (un primitivo escritor cristiano) dijo:

Hace 1.700 años en su famoso escrito "Institutos Divinos" Cap. 14. Nosotros, a quien el Espíritu Santo nos instruye con el conocimiento de la verdad, sabemos el principio y el fin del mundo ... Los 6.000 años de la fundación del mundo todavía no se han cumplido, y que cuando estos números se cumplan la consumación tomará lugar ... Porque toda la obra de Dios terminó en seis días, es necesario que el mundo dure en este estado de seis edades, esto es seis mil años. Porque habiendo terminado su trabajo descansó el séptimo día y lo bendijo; es necesario que al final de los seis mil años toda maldad sea abolida de la tierra y la justicia reine por mil años.

2. Epístolas de Barnabás:

Líderes primitivos de la iglesia, incluyendo a Orígenes y Jerónimo creían que este documento era genuino. Se puede considerar este escrito como una información extrabíblica.

Barnabás fue el primer compañero del apóstol Pablo cuando él comenzó sus viajes misioneros.

Dice Barnabás en su epístola:

Y Dios hizo en seis días el trabajo de sus manos; y terminó el séptimo día, y descansó en el séptimo día y lo bendijo. Consideren, mis niños, lo que significa esto. Él lo terminó en seis días. Esto es su significado: Que en seis mil años el Señor Dios traerá todas las cosas a su fin. Porque para él, un día es como mil años y mil años como un día y como él mismo testificará, diciendo, he aquí este día será como mil años. (Hablando sobre el relato del Génesis). Por lo tanto, mis hijos, en seis días, eso es, en seis mil años, se completarán todas las cosas... Él descansó el séptimo día; él quiso decir esto; que cuando viniera su Hijo, y terminará en el tiempo del inicio, y juzgase a los impíos, y cambie el sol y la luna, y las estrellas, entonces se conocerá el séptimo día.

3. Irineo (Padre de la iglesia primitiva).
Escribió en 150 d.C. sobre Génesis en su libro, "En contra de las herejías", lo siguiente:

Esto es un relato de las primeras cosas creadas, como también es una profecía de lo que ha de suceder. Porque un día para el Señor es como mil años; y en seis días de la creación las cosas fueron completadas; es evidente, por lo tanto, que también terminarán en seis mil años.

4. Oseas (Dos días pueden significar dos mil años)
Después de dos días nos revivirá y el tercer día nos levantará.

Oseas aquí se refiere a una profecía mesiánica y sobre la restauración de Israel.

Venid y volvamos a Jehová; porque él arrebató,
y nos curará; hirió, y nos vendará. Nos dará vida
después de dos días; en el tercer día
nos resucitará, y viviremos delante de él.
Y conoceremos y proseguiremos a conocer
a Jehová; como el alba está dispuesta su salida,

y vendrá a nosotros como la lluvia,
como la lluvia tardía y temprana a la tierra.

Oseas 6:1-3

Esta profecía mesiánica tiene un doble propósito. Muchas profecías tienen doble cumplimiento. Esta se cumplió en la muerte y resurrección de Cristo y se volverá a cumplir en la resurrección de la iglesia en el Rapto.

4. Rabí Ketina dijo en Gemara un comentario al Talmud:

El mundo durará seis mil años y mil años serán puesto a un lado (eso es, que los enemigos de Dios serán destruidos) por lo tanto se dice; que sólo el Señor va a hacer exaltado ese día, cada siete años es año de remisión, así el séptimo milenio en el mundo será el año milenial de remisión, sólo Dios será exaltado ese día.

5. *El obispo Latimer escribió en 1552, sobre este tema:*

El mundo fue ordenado a durar, como todos los hombres que hemos aprendido afirmamos, 6.000 años. De ese número ahora, han pasado 5.552, así que sólo nos restan 448 años.

Si esos años, digo yo: Se fueran a aplicar hoy día, estamos en 1994 sólo nos quedarían 6 años de aquí al 2.000.

Aún muchos escolásticos cristianos en la época de la Reforma creían en la semana sabática de siete mil años que indicaba que los últimos días ocurrirían hacia el año 2.000.

6. *Rabí Elías, quien vivió doscientos (200) años antes de Cristo dijo:*

El mundo durará seis mil años: Dos mil años antes de la Ley, dos mil años en la Ley y dos mil años bajo el Mesías.

Son muchos más los padres que creen que el año 2,000 es año de remisión si lo vemos en el punto de vista de acuerdo a Pedro y a Oseas.

7

VAMOS HACIA LA MARCA

C uando era un jovenzuelo aún, observé por vez primera el sistema de barra que salía en la parte de atrás de los productos, a pesar de las interrogantes no supe de ellas hasta años después. El sistema de barras o el UPC (código universal de producto) es un código de identificación a través de un concepto automatizado. Hay diferentes métodos de identificación de productos, a saber:

- código de barras
- reconocimiento de bandas magnéticas
- reconocimiento de caracteres ópticos
- reconocimiento de caracteres de tinta magnética
- reconocimiento de señales biométricos y
- reconocimiento de voz.

Todos ellos han comenzado a nivel comercial. El reconocimiento de caracteres ópticos ya se usa a nivel de PC's, junto con rastreadores, para automatizar la captura de documentos en papel. El reconocimiento de tinta magnética se utiliza en la captura de datos en cheques (algunos cheques tienen códigos de barras con tinta magnética). El reconocimiento de voz y señales biométrica están comenzando a popularizarse como dispositivos de control de acceso; por ejemplo, una computadora puede determinar si el usuario es el que está autorizado mediante la presión y la velocidad de su tecleo, a través de sus huellas digitales colocado en un dispositivo de captura o una luz infrarroja que observa la pupila de su ojo (una señal biológica tan única como la huella digital). El reconocimiento de banda magnética es la que aparece al dorso de cualquier tarjeta de crédito.

El UPC identifica tanto el producto como su fabricante, hay diferentes tipos de códigos de barras, pero todos funcionan con un mismo propósito, ¡identificar!

Los grandes supermercados en Puerto Rico tienen este sistema de "scanning" que lee el UPC a través de una luz infrarroja que aparece en la caja registradora. Cuando se pasa el producto de UPC del "scanning" (detector) inmediatamente en una pantalla ubicada encima de la caja registradora da el precio del producto e identifica el producto. Por ejemplo, si pasas un paquete de arroz el detector registra que es un paquete de arroz y su precio, si alguien intercambia el UPC que identifique un paquete de carne a uno que sea de arroz, en la pantalla inmediatamente reflejará que el producto marcado no es el correcto (o sea, que es carne y no arroz), la cajera se dará cuenta del cambio y si lo hizo a propósito tendrá problemas.

Ahora, imagínese usted, si un sistema como el UPC, fuese implantado en la frente o la mano derecha de un individuo, ¿qué sucederá? Esa persona será identificada dondequiera que presente la marca.

Un ejemplo de esto es cuando hacemos la compra en un supermercado que tenga este sistema, después de hacer la compra (digamos que la compra fue de cien dólares) para pagar usaría la tarjeta ATH (Tarjeta de Débito en Puerto Rico) después que la tarjeta haya sido insertada en la computadora o caja registradora, una señal es enviada del supermercado al banco se debita la cantidad de cien dólares y se le acredita a la cuenta del banco del supermercado. Esa información queda impresa en la computadora como que ese cliente hizo ese día una compra de cien dólares. Salió del supermercado y fue a la gasolinera a quince kilómetros del lugar y echó diez dólares de gasolina y nuevamente presenta la tarjeta. Dondequiera que el individuo presente su tarjeta se sabrá toda la actividad que hizo ese día. Si el portador no usa la tarjeta se perderá el rastreo del portador. Esto indica que si una persona tiene una marca en el cuerpo como identificación, dondequiera que vaya en el mundo la persona será rastreada. Satanás tendrá control absoluto de cada movimiento que hacen las personas que están en este sistema.

A un paso de la marca

La tarjeta KIWI era lo que yo necesitaba para unir la tarjeta, que es el primer paso del Nuevo Sistema Financiero a la marca implantada en el cuerpo. Kiwi es un buen ejemplo de lo que llamo el "eslabón perdido" de la marca de la bestia.

La "Kiwi card" es una tarjeta inteligente que tiene todo sobre tu historial médico hasta tu balance bancario ..., dice George & Eileen Anderson, escritores de la revista "Grapevine"

La tarjeta "Smart Card" (tarjeta inteligente) tiene una pequeña computadora dentro de ella y está programada para responder en varias situaciones. También tiene una memoria que es equivalente a tres páginas y medias de información sobre su persona. Sabe más de usted que lo que imagina. Tiene detalles:

1. Médicos

2. Saldo de su cuenta bancaria

3. Tiendas

Las "Tarjetas Inteligentes" son convenientes y nos pueden ahorrar muchos problemas pero también nos puede causar el mayor problema de nuestra vida. La tarjeta Kiwi ahora se llama "Community Service Card" con ella puede pagar sus deudas médicas y comprar cualquier cosa.

La hermana Rebbeca Brown (no la escritora) de Nueva Zelandia, me llamó hace tres años atrás y me dio esta importante noticia. Dijo que un hermano de la iglesia fue a comparar a una tienda con la tarjeta Kiwi; debido a tantos fraudes existentes con las tarjetas le cuestionaron si la tarjeta le pertenecía y él respondió que sí y que toda la información estaba en el *chip* que la tarjetas tenía integrada, sin embargo ellos insistieron sobre los robos y fraudes de tarjetas y que el hecho que la tarjeta tuviera información sobre él, no probaba que era de él. Dado a la insistencia preguntó: ¿Qué debo hacer entonces? Y ellos le respondieron, que él tenía que ponerse dentro de su cuerpo un *chip* similar para poder probar que la tarjeta era suya, lo que hizo que éste contestara que entonces no era necesario usar una tarjeta pues la información requerida estaba en él; a lo que éstos dijeron que las tarjetas iban a ser prontamente obsoletas.

¡Ahí está el engaño! Primero una tarjeta y luego una pequeña implantación inyectada bajo la piel, sea en la mano derecha o en la frente.

Esta producción ya está en uso en muchos países incluyendo a los Estados Unidos. Este sistema se utilizó para identificar a los soldados de los Estados Unidos en Vietnam.

En "Beyond 2000" (Más allá del 2.000) un programa de educación que habla de los cuentos futurísticos, recientemente llevó al aire un programa de niños con este implante para detener a los raptores.

Hay pruebas que el sistema de marca esta en pie, a saber: Mary Relfe en su libro, cuando el Dinero Falla, dice en la p. 40, lo siguiente:

Mas recientemente se ha sabido que la industria bancaria en conjunción con el gobierno de los Estados Unidos, ha completado pruebas de un plástico blando, inyectable, fabricado por un laboratorio de Orlando, Florida. Cuando se inyecta subcutáneamente esta sustancia líquida se extiende bajo la piel, como se alisa el agua en una superficie plana, y forma una placa bajo la misma, permanente, con lo cual el proyector de rayos de tatuajes imprime el número de la persona. Hay ulterior información que indican que los bancos están ahora ultimando los preparativos para empezar a implantar estos números permanentes en la mano derecha o en la frente.[1]

Apocalipsis 13:16-18 nos habla sobre un número que se pondrá en la frente o en la mano derecha. Todo está claro, no se ponga la marca sea una inyección subcutánea, *Chip* (Banco de memoria), silicón o cilindro de cristal. ¡Sea lo que sea, bajo ninguna circunstancia, se deje poner ese tipo de "marca". Le controlarán como el producto en su supermercado. Vendrá a ser un objeto más.

En el libro "Israel, Gog y el Anticristo dice":

El misionero Hermas Méndez Borras, que sirvió en Bélgica desde 1978 hasta 1993, nos dio a conocer un hecho que no deja de ser interesante para los estudiosos de la Palabra de Dios: Su hijita que nació el 14 de marzo de 1977, al ser inscrita en un registro civil, recibió una inscripción numérica en la frente, grabada en forma invisible, mediante un aparato de rayos laser. Nos aclaró nuestro informante, que no se trata de un caso excepcional, sino que ese es un procedimiento de rutina usado por todos los países del Mercado Común Europeo.[2]

El periódico "Bay to Plenty Times", el jueves 10 de septiembre de 1992 bajo el título "Códigos serán Invisibles" dice:

TOKIO - Los códigos de barras, uno de los signos más visibles de la era de computadoras, van a ser ocultos.
Una compañía japonesa, Hitachi Maxwell, dice que ha desarrollado códigos de barras que son invisibles —o apenas visibles, si el usuario lo prefiere.

---

1.   Mary S. Relfe, en su libro *Cuando el dinero falla.*
2.   Abrano de Almeida, *Israel, Gog y el Anticristo* © 1980 E. Vida USA. p. 186.

Podemos hacer códigos de barras que no se entremetan en los paquetes de productos como los cosméticos, que pueden distraer del diseño, dijo el vocero Hideyuki Noda de la compañía Hitachi Maxwel.

El periódicos "Omega Times" mayo 1992 Vol. 11, no 10, Título: Hombre en Nueva Zelandia recibe implantación inyectada en mano derecha.

El primer hombre en Nueva Zelandia en recibir una numeración de implantación electrónica se encuentra muy bien y viviendo en Auckland...

Tiene una implantación inyectada en su mano derecha para demostrar en el momento a los potenciales usuarios que los aparatos son simplemente para rastreo. Sin dolor y totalmente confiable.

En el periódico "Sunday Star" en la sección de "Computadoras", en mayo 17 de 1992, de Johannesburg, Sur África, aparece publicado:

Título: "Acógete a la ventaja, poder bajo tu piel". (En la primera plana): "Nuevo concepto de *chip* (bancos de memoria) implantado en tu cuerpo para un mejor acceso al mundo de los beneficios".

Continúa el relato en la p. 3 y comienza el comentario con Apocalipsis, capítulo 13:16.

... considerando la aceptación de este hecho la interrogante que levanta es que tener un número sería bueno. ¿Pero una estampa en la frente con tinta? No. Mucho mejor idea es implantar en todos nosotros, una pequeñísima, e individual *chip* de computadora dice: Johan Bornam.

¿Por qué cargar tarjetas si la implantación hará la artimaña?

Desde que tantas mascotas domésticas y ganaderías ya tienen implantados los osciladores de I.D (identificación) dentro de ellos, parece que los humanos están perdiendo estos beneficios, estos diminutos rollos, envasados en cristal, son inyectados bajo la piel del animal o quizás en los asientos de su auto y emite una frecuencia (número) cuando es registrado por un aparato especial. Estos números de I.D están almacenados en una computadora, que recopila la información que se requiere. En caso de animales domésticos perdidos el "chip" hace todo el comentario y revela su dueño, nombre, dirección y número de teléfono.

Seguridad

Pero una mejor tecnología más avanzada es la llamada "Tarjeta Inteligente". Estas tarjetas plásticas almacenan una poderosa memoria interactiva que es como el tamaño de una cabeza de alfiler.

...No sólo son excelentes en verificar rasgos, por ejemplo, corroborar la información por los patrones de las huellas digitales, *pins* (memoria) y sonido de la voz, sino que también pueden almacenar separadamente de la data.
La mayoría de la gente está de acuerdo con su uso. Con un poco de imaginación podemos reemplazar toda nuestra cartera de tarjetas, dinero efectivo, libros de ID, y mantener un récord permanente de información médica y estar positivamente identificados todo el tiempo.

Observan hermanos, cómo la información médica es necesaria en todos los *pins* (memoria) o en tarjetas como la "Community Service Card" de Nueva Zelandia, vean cómo tanto el Presidente Clinton como el gobierno de Puerto Rico, Pedro Rosselló insisten en una tarjeta médica única. Observen que Johan Borman habla de una identificación permanente, y continúa Johan diciendo:

Si se quitase la superficie rectangular de la tarjeta plástica ... el pequeño *chip* que sería ideal para implantar bajo la piel humana.
Imagínate, los científicos tendrán que pensar fuerte sobre un área de implantación ... No más tarjetas. Imagínate el servicio de esta prótesis; no más ATM tarjetas de crédito o libros de ID. En el supermercado en la caja registradora

73

simplemente pones tu dedo (o donde quiera sea el área escogida en el lector), y a qué cuenta quieres debitar. Igual que la ATM. La máquina observará tus huellas digitales en la data del chip (que estará en tus dedos)...

Lo raro de todo esto es que no sólo en Sur África se está llevando a cabo esto de los *chip* implantados en la mano sino en España, Estados Unidos y otros lugares:

España: Llamé por teléfono al hermano José Zapico. Escritor y evangelista del Señor. Le pregunté sobre los adelantos del *chip* en España y me dijo que ahora allí se utilizan cuatro dedos de la mano derecha tanto para identificar como para comprar, le pedí me enviara pruebas tangibles sobre el particular. Dado a que en estos momentos estoy detallando sobre el tema y no podré esperar por la prueba me dijo: "Yo soy una prueba de lo que está pasando en España, pues vivo allí y sé lo que pasa con mi país". Es cierto, creo que la integridad de mi hermano es más segura que cualquier otra opinión.

Además, poseo en mis manos un carteloncito del seguro social, anunciado a los usuarios a que se acojan al depósito directo y tiene los cuatro dedos de la mano derecha. ¿Será una casualidad?

El sistema de *chip* es un sistema de control, esto evitaría robos, además de controlar y de ser beneficioso.

Dice Johan Borman:

Tu auto puede reconocer que el autorizado a guiar esta en control; la alarma de tu casa reconocerá tus llaves; desde un lector en tu hogar puedes poner tu dedo hacer una declaración al banco y pedir copia ... Tu auto se negará a operar sin el apoyo de los dedos autorizados para aguantar el guía ... rateros no podrán robar dinero, y los paramédicos podrían tener tu historial médico y tu identidad.

Termina Johan diciendo incrédulamente sobre la marca: "La ID está muy lejos de ser el creado número en la frente". Después de todo, o sencillamente, Johan está siendo utilizado para encubrir la verdad atacando la Biblia en Apocalipsis

13:16 o está ciego espiritualmente. Yo pienso que está ambas cosas.

En una información que solicité a Estocolmo, Suecia, llamado "Proyecto 666", escrito por el señor Michael Smiley, quien se autodenomina Mr. 666, dice en la pp. 63-64.

Hemos estudiado y evaluado los diferentes sistemas de identidad e identificación en el mando (desde lo tradicional hasta lo más sofisticado que analiza la voz y las pupilas humanas) ... Por lo tanto, después de muchos años de estudio y análisis, hemos llegado a la conclusión que el mejor código de identidad personal está en las huellas digitales que han sido puestas en el hombre por la naturaleza misma ... debemos apuntar que sólo la información concerniente al hombre con ser social, la cual no existe en las huellas digitales, deberán ser añadidos. De hacerse eso, el más perfecto e infalsificable código de identidad ha sido creado en el mundo. La realización y este código de identidad puede y debe ser llevado a cabo insertando un *microchip* en el dedo índice de la mano derecha. Este *microchip* debe ser del tamaño de un punto de máquina de escribir con toda la información personal del individuo: nombre, número de identificación personal, estado civil, finanzas, recursos, salud, etcétera. Este *microchip* puede ser incrustado en el dedo a través de una simple operación. Para leer este *microchip* el uso de un aparato especial debe realizarse. Todas las autoridades, bancos, tiendas, restaurantes, hospitales, clínicas y todos los lugares que requieren apropiada identificación para las transacciones económicas o actividades deben tener este aparato. Este *microchip* ... constituye el código de identificación 666 ... hemos elaborado el código de identidad 666 el cuál es el más perfecto e infalsificable del mundo.[3]

3.   Michael Smiley, Proyecto 666, publicado por Exportación Suecia del Caribe - Export. Santo Domingo (e) Del Noroeste © 1990.

Michael Smiley, pretende gobernar al mundo. Para mí él sólo es un anticristo más, que aparece en este tiempo final.

Dice Smiley más adelante que debe ser en la mano derecha debido a que la mayoría de la gente en el mundo son derecho. Otra excusa más. La verdad es, que tiene que ser la mano derecha porque la Biblia así lo estipula.

Omega Times, marzo 1991, vol. 10 no. 8, Título: *Chip de identificación* una realidad.

Es posible que el sistema que se utiliza para marcar seres humanos sea similar al *microchip* que se usa para identificar a los animales. Todos los perros perdidos que paran en el RSPCA de Sydney están siendo implantados con un *microchip* para reidentificarlos si se vuelven a encontrar vagando nuevamente. Con información vital sobre el nombre y dirección del dueño y si necesita ayuda de salud la cual es registrada en el I.D. del animal.

Microchip del tamaño de un grano de arroz que puede ser implantado en todos los perros, gatos, pájaros y otros animales domésticos.

Omega Times, junio 1992, p. 7, Título: *Aparato de rastrear dedos en ATM.*

... ATM (Automatic Teller Machine) Estas máquinas conocidas como rastreadoras digitales ... A los clientes no se les entregará dinero efectivo hasta que los digitales de la mano no paree con las huellas digitales en la computadora.

Hay miles de casos en todas partes del mundo donde se ve el uso, sea de silicón, marcas con laser, cilindros de cristal o sencillamente un *chip*. Hay quienes dicen que esto no es, "La marca" pues la marca es sencillamente un número en la frente y no un sistema automatizado.

Creo que hay muchos ciegos y desgraciadamente muchos de ellos se encuentran en las iglesias. Quizás esto sea fábula, pero las coincidencias que vemos son demasiadas para no poderse ver. Los hermanos españoles saben muy bien lo que está sucediendo. Ellos viven en medio del sistema. La revista española Año Cero, muy de la Nueva Eva, por cierto, nos comenta:

¿Ha hecho Hacienda un pacto con Satán?

Los hermanos evangélicos están decididos a devolver sus NIF (número de identificación fiscal) que, para ellos equivale al número de la bestia reflejado en los textos bíblicos. Creen que a corto plazo, el Ministerio de Hacienda obligará a los ciudadanos a grabarse el NIF en la piel, algo que no están dispuesto a consentir. Su lucha contra Borrel-Belcebú tan sólo ha comenzado.

La Biblia nos amonesta a estar al tanto de las cosas. Los hijos de las tinieblas son más sagaces que los hijos de la luz, pero no significará que no podemos estar al tanto de las maquinaciones de Satanás (2 Corintios 2:11).

Mas vosotros hermanos, no estáis en tinieblas, para
que aquel día no os sorprenda como ladrón. Por-
que todos vosotros sois hijos de luz e hijos del día;
no somos de la noche ni de las tinieblas.
Por tanto, no durmamos como los demás
sino velemos y seamos sobrios.

1 Tesalonicenses 5:4-6

Estar en luz significa estar en claridad, estar al tanto de las cosas. Las tinieblas significa estar en oscuridad no saber lo que está sucediendo. ¡Tú eres hijo de la luz!

8

CÓMO PENETRA EL MENSAJE EN NUESTRA MENTE

American Express, tiene un anuncio muy peculiar donde expresa: "American Express no salga de su casa sin ella".

Nos hacen ver que es urgente llevar la tarjeta donquiera que vamos. Poco a poco va penetrando el mensaje a nuestra mente y así llega el momento en que se nos hace una necesidad llevarla con nosotros. Los anuncios nos controlan a tal grado de obligarnos a patrocinar algo que no necesitamos y actuar en algo que no queremos.

En el año 1983 el doctor Henry Kissinger estuvo hablando sobre la banca en Australia sobre el sistema de venta electrónica. Ese mismo año apareció en el periódico "Sydney Morning Herald" el dibujo de un hombre medio calvo con el UPC (Código Universal de Producto) marcado en la frente y un mensaje, pero en vez de decir "American Express, ¿será la marca estilo UPC?

Dos años después en 1985 el mismo periódico publicó otro dibujo de un hombre en un supermercado, leyéndosele la frente con un *scanner* (rastreador) para saber si estaba autorizado a comprar.

Ese mismo año el 2 de abril aparece otra figura de Rambo mirando sospechosamente con un rifle, a los espectadores que se acercaban al salón de conferencia.

La figura y mirada de Rambo representa al ojo que todo lo ve, diciéndole a los australianos que no podrán escapar. Pienso que la televisión y los medios de satélites pueden ser ese ojo que lo observa todo.

Satanás puede estar utilizando ahora mismo los medios de televisión para observar todos nuestros movimientos.

Cuatro meses antes de llegar a Argentina, el doctor Henry Kissinger se encontraba en el país hablando sobre las finanzas. Según un amigo que trabaja con el gobierno como diputado me comentó, Kissinger dijo, que el único medio para el país levantarse de su crisis económica era el implementar una tarjeta con el UPC. Poco tiempo después de eso, Argentina se levantó de su caótica crisis económica.

¿Qué papel estará jugando Henry Kissinger en el plano internacional?

¿Está seguro que no le vigilan?

Los dueños de cable TV son pensadores de la Nueva Era. La cadena del "Discovery Channel" presentó una serie de programas donde habían invitado una serie de psíquicos con el propósito de promover la Nueva Era. Durante el programa, la cadena afirmó ser amiga de la Nueva Era. Yo no dudo que la televisión estará al servicio de Satanás para estos tiempos.

Interactive TV - es lo nuevo en cuanto a televisión se llama. Un anuncio que aparece en cable habla sobre este nuevo invento. Aparece unos trabajadores cuando el alba está rayando, hablando del nuevo televisor, con fibra óptica. El rayar del alba significa un nuevo día o sea, una Nueva Era.

Fibra óptica: - es un hilo de cristal (piedra de cuarzo) es menos grueso que el cable de cobre, más liviano y no produce estática. Produce mucho mejor y más transmisiones por segundos que el cobre, pero lo grandioso de esto es que conduce la imagen en ambas direcciones.

Habrán oficinas que enviarán la señal hasta la casa. Ellos sabrán lo que usted observa, también podrán escuchar lo que habla pues la señal regresa a la oficina. Esto es una invasión a la privacidad del individuo. La fibra óptica representa el ojo que todo lo ve.

Televideo: - parecía ciencia ficción cuando aparecían en la serie de "Star Treck"[1] los tripulantes comunicándose entre sí a través de pantallas de televisión. Hoy día el teléfono con pantalla está para el uso doméstico. De la misma forma que oye y ve a la persona que llama en la otra parte del mundo, así nos verán a todos los que usemos ese sistema. Este es otro medio de control que Satanás usará para subyugar a la humanidad.

La televisión interactiva será obligada a tenerla en sus casas, tal como lo es la luz y el agua. La excusa para la obligación es vigilancia contra:

- robo
- fuego
- violencia doméstica
- emergencias médicas, etc., etc.

Usted pensará que apagando el aparato de televisión, no lo verán, pero aun así ellos lo pueden ver y escuchar. Si usted tratase de deshacerse de la televisión lo vigilarían como sospechoso.

T.V. Importante medio de comunicación

La Nueva Era tiene que ser propagada lo más pronto posible. Ya para el año 2000 tienen que estar en el poder dice Alice Bailey profeta del "Lucís Trust". ¿Cómo lograrán tanto trabajo con tan poco tiempo? A través de la televisión mundial.

Benjamín Creme, profeta y líder del "Tara Center" anunció a través de los medios de comunicación en 1982, la venida

---

1.   Serie televisiva norteamericana basada en la guerra de las galaxias.

del mesías llamado Lord Maitreya, después del bochornoso fiasco en que Maitreya no apareció, ahora dice que el Cristo de Acuario no vendrá hasta que los medios noticiosos del mundo lo inviten.

El día de la declaración ocurrirá cuando el mundo, a través de sus representantes, lo inviten hablarle a la humanidad ... ellos tendrán que estar muy seguros que Maitreya es el maestro mundial, Cristo, o el Mesías antes que lo inviten a presentarse al mundo. (Benjamín Creme, Maitreya Misión, p. 3)

La televisión mundial será el mejor método para presentar tanto el Cristo de la Nueva Era como al verdadero Cristo cuando él venga en su Segunda Venida. Ted Turner creador de "La Sociedad de un Mejor Mundo" y candidato a la presidencia de la Nueva Era en 1988, es el dueño de "Cable Negus Network Broad Casting Empire"

La televisión está en manos de la Nueva Era

El plan: Para poder lograr lo que quiere, la Nueva Era ha propuesto un plan maestro:

1. La meta principal es poder establecer un nuevo orden mundial, religioso, político y social.

2. Revivir la idolatría de Babilonia. Ejemplo: Los psíquicos de la televisión.

3. El plan se completará con la venida en carne del mesías al mundo y el 666.

4. Demonios ayudarán al hombre a inaugurar el Dios-hombre de la Nueva Era.

5. Proliferar la paz mundial, el amor y la unidad.

6. La Nueva Era se propagará en cada esfera de la sociedad.

7. Enseñar la apostasía de que Jesús no es Dios, tampoco Cristo.

8. Tanto la cristiandad (algunos) como todas las demás religiones formarán parte integral de la Religión Mundial de la Nueva Era.

9. Los principios cristianos desacreditados y abandonados.

10. Los niños seducidos e indoctrinados en escuelas y la televisión a través de los muñequitos.

11. Hacer creer que el hombre es Dios.

12. Unir ciencia y religión.

13. Los cristianos que se resistan serán destruidos, si es necesario, con el propósito de purificar la tierra.

De acuerdo a instrucciones secretas, el plan debía mantenerse fuera del público hasta 1975. Luego tenía que ser sacado a la luz y divulgado la naturaleza de la Nueva Era y aun el del Orden Mundial. Desde ese momento en adelante los medios de comunicación (especialmente la televisión mundial) debía proliferar a través del mundo, las enseñanzas de la Nueva Era y de su Cristo.

Omega Times, noviembre 1992, p. 6
Título - *Cables de Fibra Óptica Conectando el Pacífico y el Mundo.*

Bueno, al presente le reportamos que desde ahora a febrero, dos barcos, "Vercors, y "Pacific Guardians" estarán conectado los cables de fibra óptica entre Nueva Zelandia y todas las importantes islas americanas de Hawai ... "Omega Times" está tratando de averiguar cuánto tiempo se tomará en conectar toda el área pacífica y luego todo el mundo.

Este cable puede parecer inofensivo por el momento, pero pronto, y en algunas áreas que ya está en uso, va a ser utilizado por el sistema del anticristo para manipular y controlar a cada persona en la faz de la tierra.

Televisor inteligente

Su televisor se podrá convertir en un campo de juego, una discoteca, o en un centro de enseñanzas.

El Nuevo Día, miércoles 20 de noviembre 1991 en la p. 48 con el título: "Llega la televisión inteligente" dice:

> Equipada con la potencia de la comprensión digital de datos, con la capacidad para manejar textos, sonidos y fotos fijas y en movimiento, y para recibir mando de un control remoto. Su televisor se convertirá pronto en una combinación de velloneras, biblioteca, y centro de enseñanza, en proyector de laminillas o sala de juegos.

La televisión inteligente no solamente se convertirá en un centro de entretenimiento o estudio sino que será un centro de vigilancia. Nos podrán estar vigilando en la casa, en el trabajo y hasta en la calle.

Más adelante dice el Nuevo Día:

> ... Pero Jim Keller, Vocero de IBM, dice que el usuario típico será un ejecutivo interesado en observar las operaciones de la fábrica mientras trabaja en las hojas de producción.

Otros sistemas de vigilancia

a) Satélites:

Omega Times, agosto 1992, vol. 12, no. 1.
Título: Ojo en el cielo, nos vigila. "Todos los granjeros de la Comunidad Europea pueden ser vistos con la puntería de un punto si mintiesen en el número de ganado, la clase de cosecha que siembra, edificios, etcétera. Cuando las cámaras de vigilancia de satélites enfocan, podrían ver aun una moneda en su granja.

Nos pueden observar a través de satélites a miles de kilómetros de distancia, como si estuviéramos en el patio de atrás. El mejor ejemplo de observancia con satélite lo vio el mundo entero en la guerra del golfo Pérsico.

Fax:

Estas máquinas no sólo se utilizan a nivel comercial, sino domésticos; se podrá enviar una carta a los Estados Unidos de tres páginas en sólo horas y apenas costará de 35 a 50 centavos. Sólo hay un problema. ¿Quién te garantiza que nadie la interceptará?

Telecom:

Un comerciante de droga en Holanda está apelando en los tribunales bajo el argumento que la policía usó el teléfono de su casa para escuchar sus conversaciones.

Muchos divorcios son otorgados en los tribunales por desavenencias conyugales. El espionaje casero está en gran auge en los Estados Unidos. En los teléfonos, se pueden instalar micrófonos infinitos, los cuales pueden escuchar y grabar cualquier conversación. Su teléfono puede ser utilizado como un aparato control.

La Telefónica de Puerto Rico, anuncia sobre los servicios de la Nueva Era:

—Ring, ring, ring, ring.

—Oiga, esta es una llamada anónima.

—¿Sí? Pues, su número de teléfono está en mi pantalla.

—¡Click!"

A través de la "llamada identificada" podrá saber de dónde le llaman antes de contestar. Si le llaman, de un teléfono público, a través de la operadora se podrá averiguar dónde está ese teléfono.

Foncard:

La tarjeta de teléfono puede localizarle dondequiera que esté, cada vez que haga una llamada e inserte la tarjeta. Su *chip* integrado no solamente hace una transacción de débito por la llamada sino que rastrea al portador.

Teléfono con pantallas:

Ahora puede hacer una llamada a Europa y ver a la persona mientras habla con ella desde Puerto Rico.

Los "Angeles Times" jueves, 1 de abril de 1993.

Título - *Están en carrera la fibra óptica a través de la nación.*
"Las compañías de teléfonos también se están encaminando hacia las instalaciones de fibra..."

Sólo a través de la fibra óptica son posibles los teléfonos con pantallas. Nuevamente: ¿Quién le asegura que nadie está viendo y escuchando su conversación?

Vigilancia en los superexpresos:
Los "Angeles Times", jueves, 1 de abril de 1993. Nos dice, Carla Lazzareschi:

Título fibra - *Expresos electrónicos.* "La gran carrera de cable en América para la próxima generación de entretenimiento e información llegó finalmente.

El plan de la administración de Clinton para un "super highway" electrónico está impulsando a las compañías de cable y de teléfono a instalar su propio *highway* (expreso eléctronico) de fibra óptica para protegerse ... La meta de toda esta iniciativa es hacer posible torrentes de nueva información para alcanzar cada rendija o grieta en América".

La fibra electrónica puede vigilar cada movimiento que sucede en la calle, los teléfonos y los televisores pueden observarle en su casa y en su trabajo. Los aeropuertos también tienen su centro de vigilancia. Los fax pueden leer sus cartas.

Su auto puede ser vigilado con un *chip* puesto en los asientos, los satélites le pueden vigilar aun cuando usted esté en el bosque. En ese tiempo muchos dirán como el salmista:
"¿A dónde me esconderé? El hermano mayor te vigila. Es mejor que asegures ahora tu vida con Cristo, en él estarás escondido".

9

LA NUEVA ERA

Recibimos información a través de todos los medios. Hoy quizás es una revista, mañana en un libro escolar, otro día el periódico o la televisión y quizás la semana que viene es en una sencilla caja de cereal, una lata de Pepsi o en la etiqueta de cualquier otro tipo de producto comestible. No hay nada que no utilicen estos propagandistas (y la Nueva Era) con el propósito de saturarnos la mente diariamente con sus mensajes o palabras claves como: secreto, pirámide, fuerza, cosmos, negativo, positivo, etcétera.

"Tanto cae la gota de agua en la piedra hasta que hace un hoyo", dice el adagio. Tanto se mencionan esas palabras hasta que las aceptemos en nuestro cerebro como algo normal.

Es como dijo Rubén Cedeño, pensador de la Nueva Era, concerniente a su Cristo, Lord Koot Hoomi (otro supuesto Cristo de la Nueva Era):

Los estudiantes de metafísica deberán siempre ocuparse del maestro de Koot Hoomi respecto a:

1. Dar a conocer a Lord Koot Hoomi como el Cristo de la tierra.

2. Publicar sus fotos y dar a conocer sus obras.

3. Realizar conferencias, cursos y seminarios para dar a conocer su obras de forma integral.

4. Dar a conocer al público a través de:

a. Enseñar la verdad

b. Publicar libros espirituales

c. Dirigir movimientos metafísicos, espirituales

d. Donaciones a bibliotecas públicas de libros de carácter espiritual

e. Escritores de la Nueva Era

f. Maestros, pedagogos y filósofos

La Nueva Era es quien está enviando toda esa información para concientizar a la humanidad hacia esa práctica.

Rubén Cedeño exhorta a la hermandad de Lord Koot Hoomi a que voluntariamente se dediquen a dar a conocerlo por todos los medios. Sus enseñanzas se encuentran en las escuelas públicas, universidades, bibliotecas, libros revistas, etcétera.

El bombardeo de esta informática está surgiendo efecto en las mentes de nuestros hijos. El humanismo que enseñan en las universidades está destruyendo los largos años de construcción religiosa en nuestros hogares.

Padre y madre, comuníquese con sus hijos y explíqueles de los peligros humanistas en las universidades. Prepárelos para la batalla, en la oración y enseñanzas de la Palabra.

Pocos años atrás muy poca gente sabía lo que era la Nueva Era, muchos hombres de Dios están en la tarea de informarnos de los peligros que nos asechan con esas ideas.

A los jóvenes de la década del 60 y 70 cuando se les increpaba por su forma de vestir o actuar decían: "estamos en la nueva era", que implicaba "cambio", una nueva forma de vida. Ahora se sabe que Nueva Era es el plan más diabólico que Satanás jamás haya asechado contra la humanidad. La Nueva Era no es más que el resurgimiento del culto y la adoración a

Satanás, pero escondido detrás de una vestidura angelical. Eso es lo que lo hace tan peligroso, que si es posible, engañará aun a los escogidos. ¡Acuérdese hermano Satanás se sabe disfrazar como ángel de luz.

Historia

La Nueva Era lo único que tiene de nuevo es el nombre, porque sus creencias vienen casi desde el principio de la creación del hombre. Satanás nuevamente viene disfrazándose como un ente de luz a través de una superreligión y sus principios vienen de la antigua ciudad llamada Babilonia. Juan nos habla sobre esta ciudad en el capítulo 17 y 18 de Apocalipsis y la muestra como existente todavía, aunque hace miles de años que ya no existe.

Para poder entender esto tenemos que volver a la Babilonia antigua.

Babilonia antigua

a. Las descendencias desde el principio (Gen. 4 y 5):
En el capítulo 4 de Génesis la Biblia muestra la des-cendencia desde Caín hasta Lamec. De aquí en adelante la Biblia no registra más datos históricos hacia dónde pudiera emigrar esta raza. Posiblemente, Caín se había casado con una hermana carnal o una sobrina. Debido a la longevidad de las personas en aquellos tiempos (aunque los años de aquellos tiempos no eran los mismos de ahora, aún así se vivía mucho), cientos de años era tiempo de más para que se poblara aquella parte del mundo.

En el final del capítulo 4 y todo el capítulo 5 de Génesis nos muestra sobre el sustituto de Abel el hijo muerto de Adán y Eva el cual se llamó Set. De la descendencia de Set nació Noé el cual era hijo de Lamec, (pero no de la descendencia de Caín sino de Set). La descendencia de Caín desaparece no de la tierra sino del registro bíblico. Sin embargo, la Biblia dice que se establecieron en Nod. De acuerdo a Wycliffe, Nod quedaba en el Edén.[1] También sitúa a Simeria con Sinar la cual se conoce según Ralph Woodrow como Babilonia y que aun más tarde se le identifica como Mesopotamia donde estaban los ríos Tigris y Éufrates.[2] Hoy día Babilonia quedaría de 64 a 80 kilómetros de Bagdad y 480 kilómetros al norte del golfo Pérsico.

En el libro "Babilonia renace" (Editorial Unilit) el autor Charles H. Dyer muestra cómo Saddam Hussein ha tratado de levantar esta antigua ciudad que fue destruida hace miles de años.

b. Descendientes de Noé

Posiblemente los descendientes de Caín se establecieron en este lugar que más tarde se llamó Babilonia. Luego, de la descendencia de Set sale Noé que tuvo 3 hijos Sem, Cam y Jafet.

1. De los semitas viene la descendencia de Abraham y por ende los israelitas.

2. De los jafetitas se formaron cuatro naciones de las cuales vienen los indo-germanos. Posiblemente estos son los europeos.

3. Los camitas, estos son los descendientes de Mesopotamia y Babilonia, de estas razas vienen los árabes (que también son hijos de Abraham) egipcios, cananeos, filisteos, africanos y otros.

De esta descendencia de Cam fue que salió Cus la cual engendró a Nimrod.

Dwight Pentecost, dice que el fundador de Babilonia y creador de la Torre de Babel fue Nimrod:

---

1. Wycliffe Bible Enciclopedia, Moody Press (c) 1975.
2. Babilonia, Misterio Religioso, Ralph Woodrow, USA (c) 1982.

Nimrod, o Nimrod-Bar-Cus ... fue un nieto de Cam, el hijo indigno de Noé ... Noé había llevado consigo a través del diluvio la revelación del Dios Verdadero ... Cam por el contrario, parece que fue fácilmente afectado por la apostasía que trajo el diluvio, por cuanto no muestra que trajo evidencia de juicio propio ... su nombre significa moreno, oscurecido, o más literalmente, el quemado por el sol y el nombre indica el estado del alma del hombre ... oscurecida por la luz del cielo ... Cam engendró un hijo llamado Cus, el negro, y éste llegó a ser padre de Nimrod, el líder apóstata de su generación.

De la descendencia de Cam es que salen los etiopenses y africanos. Cuando Nimrod se asentó en Sinar para establecer a Babilonia, se tuvo que enfrentar posiblemente a los de la descendencia de Caín que ya se habían establecido tiempo atrás en esas mismas tierras.

La Biblia presenta a Nimrod como cazador poderoso ante Jehová (Génesis 10:8-9). Aquellas tierras estaban sobrepobladas de animales salvajes (Éxodo 23-29) y para protegerse hizo ciudades amuralladas. Organizó dicho reino y estuvo a la cabeza del mismo. Su reinado no era bueno, pues la palabra "cazador delante de Jehová" significa "en contra de Jehová".

Además Clarke dice de Nimrod:

... lo más seguro era un hombre malo. Su nombre Nimrod viene de marad, "él se rebeló"; y el targumen, de 1 Crónicas 1:10 dice: Nimrod, comenzó a ser un hombre poderoso en pecado, un asesino de hombres inocentes y se reveló en contra de Dios. El targumen de Jerusalén dice: Él fue un poderoso cazador y en pecado ante Dios, porque era un cazador de los hijos del hombre en sus lenguajes; y les dijo a ellos, salgan de la religión de Sem y sométanse a los institutos de Nimrod".[3]

---

3. Adams Clarke Comm. Adams Clark Abignan Press, N.Y. p. 86. 6 vol.

A Nimrod se le considera el rebelde el apóstata, idólatra. Woodrow dice que la palabra poderoso tiene un significado hostil y que viene del la palabra hebrea *givor* que significa tirano. Fue el primer dictador que registra la historia. El artículo asumirá estas mismas cualidades.

Su reino se llamó Babel que significa confusión. Era un tirano y opresor de la gente un apóstata (desviar del camino) de Dios y parece que su reino se extendió hasta Asiria pues también fundó a Nínive. Asiria se llama "tierra de Nimrod" (Miqueas 5:6).

Era un típico anti Dios y su simiente (el anticristo) será la imagen misma de este diabólico personaje y si Nimrod era un adorador de Satanás también lo será el anticristo.

La esposa de Nimrod fue una mujer que si no fue tan mala como él; fue peor aún. Era la fundadora de los misterios babilónicos y la primera sumo sacerdotisa de la idolatría. De esta manera fue que Babilonia llegó a ser la fuente de origen de la idolatría en todos los sistemas paganos del mundo. Esta religión se expandió por todo el mundo hasta el día de hoy y tendrá su fin en el Apocalipsis.

Esta perversa mujer deificó a su esposo proclamándolo el dios solar. Más tarde dio a luz un hijo ilegítimo llamado Tamuz el cual declaró concebido en forma sobrenatural y que era la simiente prometida o el salvador del mundo. Semiramis, sabía la promesa primitiva de la simiente de la mujer en Génesis 3:15 e hizo que tanto su hijo como ella fueran adorados. Cuando los templos y las ciudades de Babilonia fueron destruidos el sumo sacerdote y una compañía de iniciados huyeron con los vasos sagrados y las imágenes a Pérgamo, donde el símbolo de la serpiente se estableció como emblema de la sabiduría escondida. La mayoría de la idolatría babilónica es a través de símbolos. Más adelante el culto se propagó a Roma la cual se convirtió en el cuartel general del culto babilónico y desde Roma se esparció por todas las naciones con sus símbolos y el culto a la madre y el niño se propagó como fuego, incluso hasta dentro de lo que más tarde se conoció como la cristiandad.

La imagen de la reina de los cielos, con el niño en brazos, se veía por doquier y aunque cada país y lengua adopten un nombre diferente la idea viene del mismo culto. Fue llevada a los fenicios y la propagaron hasta los confines de la tierra. Astarot y Tamuz, la madre y el niño se convirtieron en:

1. Isis y Horus en Egipto.

2. Afrodita y Eros en Grecia.

3. Venus y Cupido en Italia.

4. En China la llamaban la diosa-madre: "Shingmoo" y se representaban con un niño en los brazos y rayos de gloria alrededor de su cabeza.

5. La Virgen Hertha con un niño en los brazos entre los germanos.

6. Disa también representada con un niño en sus brazos entre los escandinavos.

7. Los etrusctos la llamaban Nutria.

8. Indrani también con un niño entre los brazos en la India.

9. Druidas (sacerdotes satánicos) adoraban a Virgo Partura como la madre de Dios.

10. Afrodita en Babilonia.

11. Ceres para los griegos.

12. Nana por los sumerias.

13. Fortuna y Júpiter (hijo) en Roma.

Alexander Hislop un Obispo Anglicano explica cómo la misteriosa Babilonia se incorporó en la doctrina de su iglesia católica. La iglesia católica ha adquirido ideas de la Babilonia antigua en sus enseñanzas como:

1. La reina del cielo.

2. La "T" de Tamuz se usaba como un símbolo sagrado y es el mismo símbolo que usa la iglesia de Roma hoy día. Desde Babilonia fue llevado a Egipto la cual es conocida como la Cruz egipcia. Incluso, el símbolo de la cruz cristiana ya venía de un culto pagano. El cristiano no debe usar cruz, ya que provienen de la idea de vergüenza. Cristo resucitó y venció esa vergüenza. No necesitamos la cruz en el pecho sino a Cristo en el corazón.

3. Semiramis - erigió un obelisco en Babilonia de 130 pies de altura. En Egipto es donde más se erigían estos monumentos. Muchos de ellos fueron transportados a otros países. Ellos creían que el sol era un dios porque daba vida a las plantas y al hombre, y asociaban al obelisco con el dios sol, y como los obeliscos eran relacionados con el símbolo sexual masculino, dado a que también producía vida, por ende ambos fueron adorados como otorgadores de la vida. Los paganos lo erigían apuntando hacia el sol en una posición erecta para simbolizar el falo (miembro masculino). La Iglesia Católica Romana, puso uno de estos obeliscos egipcios frente a la entrada de la Catedral de San Pedro.

4. El rosario que usa la Iglesia Católica no es del todo bíblico es una mera idea pagana que viene desde Babilonia y difundida por todo el mundo. Fue usado en el culto a Astarlé, la diosa-madre por lo menos 800 años antes de Cristo y este rosario se puede observar en monedas fenicias. Lo usaban los bromos, adoradores de Vishnu, los budistas en la India y el Tibet, los mulsumanes y los adoradores de Siva. También se usaba en Grecia y hay pruebas escritas de por lo menos tres siglos antes de Cristo que se mencionaba el uso del rosario. La oración repetida del rosario en la Iglesia Católica viene claramente de una práctica totalmente pagana. En la

Biblia no hay ni la menor indicación de tal práctica como un símbolo cristiano.

La Iglesia Católica hoy día está unida a la Nueva Era. El presente Papa está promulgado la unidad de todos los religiosos a través del ecumenismo. El ecumenismo es la aceptación de todas las religiones sean paganas o cristianas. La luz no se mezcla con las tinieblas y el Señor mismo nos manda a salir de en medio de ella:

> *...y oí otra voz del cielo, que decía: Salid de ella, pueblo mío, para que no seáis partícipes de sus pecados, no recibáis parte de sus plagas.*

Apocalipsis 18:4

No creemos en el ecumenismo como lo presenta la Iglesia Católica la cual es la unidad de todas las religiones, tanto paganas como cristianas. No podemos tener amistad con el mundo y con Dios. No puede haber comunión con Satanás y con Dios al mismo tiempo, pues una fuente no puede dar agua salada y dulce al mismo tiempo. Sólo creemos en el ecumenismo (unidad) del verdadero cuerpo de Cristo, que es la Iglesia que busca a Dios en espíritu y en verdad.

He aquí algunas de las creencias de estas religiones paganas; creencias de la Babilonia antigua y la Babilonia moderna.

- Doctrina del hombre-dios
- Karma
- Reencarnación
- Numerología
- Viajes astrales
- Shamanismo
- Enseñanzas misteriosas
- Meditación
- Simbolismo
- Adivinación

- Doctrina de la evolución
- Sexo licencioso
- Adoración al fuego
- Lectura de la palma de la mano
- Hipnotismo
- Levitación
- Poderes mentales
- Adoración a la naturaleza y la tierra
- Mantra (palabras mágicas)
- Ocultismo
- Abuso de las drogas y el alcohol
- Astrología
- Necromancia
- Visualización

Hoy día hay enseñanzas similares en la doctrina de la Nueva Era, el hombre está evolucionando hacia la divinidad a través de la reencarnación sucesiva y los poderes psíquicos de la voluntad propia.

Babilonia moderna

Personalmente creo que la Nueva Era no se limita a una mera religión como la Iglesia Católica. Muchos piensan que la Iglesia Católica es la Babilonia moderna, sin embargo, yo pienso que la Babilonia moderna con el nombre de la Nueva Era se extiende mucho más allá. Es la unidad de todas las religiones del mundo empacado en un solo sistema. Ellos predican la unidad de todas las cosas. Dentro de sus movimientos se encuentran curas, pastores, supuestos mesías, profetas, evangélicos, católicos (incluyendo sus máximos líderes) hindúes, espiritualistas, etcétera.

El movimiento de la Nueva Era es una síntesis de las religiones orientales y las viejas "enseñanzas misteriosas" y una combinación de gnosticismo y espiritualismo, basado en enseñanzas esotéricas (secretas) transmitidas por enseñanzas demoníacas, tales como:

- Clarividencias
- Hipnosis
- Naturaleza
- Ufología
- Mitología
- Autohipnosis
- Panteísmo
- Ejercicios físicos
- Reencarnación
- Adoración de la naturaleza
- Comida natural
- Ciencia
- Astrología
- Yoga
- Hechicería
- Droga (LSD)

La lista de cosas es interminable, pues es una combinación de todo. Incluyendo la ciencia, la naturaleza, la religión, la política, etcétera.

Unidad de todas las cosas

Una religión mundial, para la Nueva Era ... se necesita para alcanzar las necesidades de las personas inteligentes ... y para unificar a la humanidad (Lola Davis: "Hacia una Religión Mundial para la Nueva Era").

José Argüelles, el responsable de reunir cientos de miles de satanistas en agosto 16/17, 1987 en el mundialmente llamado Convergencia armónica dijo:

Casi hemos completado la etapa de traer a todos los grupos de la Nueva Era, organizaciones e iglesias juntas (Texe Mars, Mustery Mark Of the New Age, p. 14)

Vera Alder, líder de la Nueva Era dice:

En realidad hay un plan y propósito detrás de toda la creación ... La unidad mundial es la meta hacia donde la evolución se está moviendo. El Plan Mundial incluye: Organización Mundial (Vera Alder, When Humanity Comes Of Age (N.Y. Samuel Weiser, Inc. 1974), pp 190-193).

Ellos predican la unidad de las cosas no sólo de las religiones y la política. También es significante la unidad que tiene la Nueva Era con organizaciones tales como: UNO, UNESCO, Concilio de Iglesias mundiales, (Ecumenismo), Club de Roma, Fundación Rockefeller, Fundación de Ford, Comisión Trilateral, Grupo Bilderberg, Masones, Iluminatis, Naciones Unidas, etcétera.

Dueños de corporaciones como J. Peter Grace, presidente de la Corporación Multinacional, W.R. Grace. Ted Turner, dueño de la Cadena de "Cable News Network Broadcasting Empire.

Senadores, gobernadores, presidentes de naciones como Gorbachov (reconocido como uno de los maestros más grandes de la Nueva Era) Bush, Reagan, Clinton, Senador Gari Hort, Secretario de Estado George Schultz. Corporaciones como AT&T, Cable TV, IBM, Sears, Walmart, JC Penny, Tiendas de comida rápida, como McDonalds, Burger King y muchas otras miles de corporaciones y personas.

El dominio de la Nueva Era en el campo político, corporativo, y religioso es abrumador.

Cómo comenzó la Nueva Era

El movimiento de la Nueva Era traza sus raíces modernas desde la fundación en 1875 de la Sociedad Teosófica, en Nueva York por la rusa Helena Petrouna Blavatsky, como sus adeptos la conocían, basaba sus enseñanzas en la magia, el espiritualismo y conocimientos esotéricos. Creían en la existencia de "Maestros" que según ellos eran gentes espirituales u hombres afortunados que altamente evolucionados, eran personas especialmente iluminadas.

En una de las reuniones de Helena Petrouna Blavatsky, mientras uno de los conferenciantes exponía la influencia de las fórmulas mágicas sobre la arquitectura antigua, un coronel, llamado Henry Steel Olcott le propuso formar una sociedad dedicada a esa clase de estudio. Aunque aquellas reuniones eran pequeñas, pues sólo contaban con 16 miembros a través del coronel, más tarde, se convirtió en una gran sociedad.

Se le puso el nombre de Sociedad Teosófica. Para ellos teosofía significaba "sabiduría divina" y en tiempos antiguos se aplicaba el conocimiento intuitivo de Dios y de la percepción mística de la unidad de la naturaleza humana y divina experimentada por místicos de oriente y occidente.

A través de Helena, la teosofía pasó a ser un conjunto de enseñanzas ocultas que habían sido reveladas a los Mahatmas (palabra hindú que significa "Alma grande")

10

LA TEORÍA DE LA EVOLUCIÓN

Las enseñanzas esotéricas orientales creen que el hombre puede evolucionar hacia una forma superior, a través de sucesivas reencarnaciones y la consolidación de un buen *karma*. Según algunos de ellos, en la etapa final de la reencarnación usted puede llegar a ser Dios. *Karma* en la teología hindú, es la ley moral, ellos creen que las acciones humanas tienen un sentido moral y que influenciará en el destino de las personas en vidas futuras.

Mientras muchos religiosos rechazaron la teoría de la evolución de Darwin, la Teosofía del siglo 19 la aceptó, ligándola con su propia teoría de una evolución espiritual. Según ellos, el hombre tenía que evolucionar en el futuro hacia la sabiduría y el dominio de los poderes ocultos.

Blavatsky creía que los Mahatmas eran hombres espirituales que habían encontrado la luz. Ellos podían realizar hazañas que la gente común no podía, como viajes astrales y materializaciones.

Hacia la India

Debido al poco progreso de la Teosofía en Nueva York, Olcott y Blavatsky decidieron irse a la India, donde el coronel

Olcott consiguió una entrevista con Swami Dayananda Sarasvati, éste había promovido un movimiento llamado "Aíra Samai", con el cual había reformado la religión hindú según los antiguos textos védicos. Ambos decidieron unirse y a los cuatro años de estar en la India se habían establecido cien ramas, pero debido al control absoluto que Blavatsky obtuvo sobre los Mahatma, levantó sospechas contra ella de manipulación y trampa. Luego de una investigación de una Sociedad Psíquica de Londres. (SPR) la tildaron de impostora. Aunque HPB tuvo que salir y su crédito como psíquica quedó en vergüenza pasó el resto de sus años en Europa, escribiendo su obra clave "La doctrina secreta". En mis manos poseo una copia de esta doctrina que comprende diez estudios completamente satánicos.

Aun con este descrédito no se elimina la Sociedad Teosófica. Para ese tiempo aparece una de las figuras más prominentes de la Sociedad Teosófica llamada Alice A. Bailey (1880-1949). Esta era una mujer inglesa que emigró a los Estados Unidos, fue ella quien puso los fundamentos del movimiento de la Nueva Era. Es considerada como la sumo sacerdotisa. Ella recibía mensajes de un maestro de la sabiduría llamado Djwal Khul. De allá para acá han aparecido muchos Cristos y profetas (Mateo 24:5, Lucas 21:8).

PROFETAS	CRISTOS
Rubén Cedeño	Lord Hoot Koomi
Alice Bailey	Dywal Khul
John Randolf Price	Asher
Benjamín Creme	Lord Maytreya
Elizabeth Clare	St. German

Volviendo a la evolución

La creencia de la evolución de la raza humana hacia un dios no es nada nueva. Viene desde la antigua Babilonia. Aun los griegos creían en los semidioses, liga de un dios con un mortal. En 1859 Charles Darwing publicó el "Origen de las

Especies" reviviendo así la pseudocientífica idea de la doctrina babilónica. Luego Helena Petrovna Blavastky, los agnósticos y científicos ateístas continuaron el apoyo a esta doctrina.

Para el año 1950 se le añadió a esta filosofía la idea que el hombre podía evolucionar a un estado de alta conciencia por el sacerdote jesuita, Pierre de Chardín. Sin embargo, la piedra angular de la Nueva Era en cuanto a la evolución fue implantada por el psiquiatra canadiense, Richard M. Bucke que en 1901 desarrolló la teoría de que una raza superior estaba evolucionando hacia dios en una conciencia cósmica. Su libro "Cosmics Conciousness" es un clásico de la Nueva Era.

En 1990 los rusos trajeron la teoría de que las especies se pueden desarrollar muy rápidamente de acuerdo al concepto "Punctuated equilibria". Según ellos no se toma millones de años para las especies poder evolucionar, en vez, una entera nueva especie puede levantarse en sólo decenas de miles de años y no millones como dijo Darwing.

La Nueva Era, ahora dice que el salto evolucionario de la transformación humana puede suceder instantáneamente. Sin embargo, la Nueva Era se encuentra con el dilema de que ellos no pueden evolucionar instantáneamente para tomar el control de la tierra hasta que las fuerzas negativas no salgan de "en medio". La Nueva Era dice que esto sólo sucederá cuando la tierra esté completamente limpia de las fuerzas negativas —esos son los cristianos los cuales son un obstáculo al nuevo orden mundial.

Hace años atrás vino a Puerto Rico un español, llamado José Fabregat Bisbal, a investigar sobre las apariciones de los ovnis en Puerto Rico y en la televisión nacional en un programa en vivo, bajo el trance de un espíritu que le llamó "Téfilo" dijo:

Lo que he venido diciendo ... y lo que todos los hermanos estamos diciendo intuitivamente a toda mente, que se abra a este nivel de armonía ... estamos trabajando colectivamente ... tanto los seres extraterrestres como espirituales siguiendo las indicaciones de las fuerzas crísticas que son impulsadas por el ser conocido por nosotros como Jesús. Se está produciendo actualmente lo que en un tiempo atrás fue el principio de la preparación de este cambio y todos los seres que hemos venido aquí están trabajando para él, dispuesto a cumplir las funciones de ayuda que cada ser debe llevar a cabo. La nuestra es exclusivamente transmitir luces y conocimientos a la mente humana en espera del momento de producir la evacuación de los seres que estarán en condiciones de pasar a la nueva etapa evolutiva.

Observen cómo José Fabregat, director del Centro de Estudios de Ciencia Universales, menciona la "evacuación" de los seres que están preparados para entrar a una nueva etapa evolutiva.

Esta evacuación podría referirse al arrebatamiento de la Iglesia, ya que la Nueva Era espera la desaparición de los cristianos antes del año 2000.

Uno de la audiencia le preguntó a Fabregat: ¿Por qué una evacuación? Y él contestó:

Las intensas energías negativas que envuelven vuestro planeta, necesitan ser transformadas en energía positiva por completo; puesto que las leyes de evolución y progreso también están incluyendo los cuerpos físicos. Vuestro planeta tendrá que aumentar su frecuencia vibratoria en los grados convenientes para pasar a ser un mundo de regeneración.

Un lugar donde la nueva humanidad podrá moverse armónicamente en unas vibraciones más puras que los que ahora tenéis. La intensidad de las frecuencias de lo alto tendrán que producir este cambio de signo energético que son de tal magnitud que ningún ser podría aguantar esta intensidad asolado. Es esta una de las razones que las fuerzas crísticas ha pedido el concurso nuestro para este momento de cambio.

Para la Nueva Era las energía negativa somos los cristianos, los cuales tendrán que ser trasformados y como él mismo dijo (a través del espíritu demoníaco Téfilo) que actualmente estamos en ese cambio. Para ellos la era de Piscis acabó y comenzó la era de Acuario. La era de Piscis era la era de Cristo; por eso los cristianos usaban el símbolo del pez. Acuario significa "el que bautiza". La tierra será bautizada con las fuerzas de Satanás. La Nueva Era cree que ya la tierra está en manos de Satanás.

La desaparición o muerte para los cristianos

Luego nosotros los que vivimos, los que hayamos
quedado, seremos arrebatados juntamente con ellos
en las nubes para recibir al Señor en el aire,
y así estaremos siempre con el Señor.

1 Tesalonicenses 4:17

El Señor nos promete arrebatarnos para estar siempre con él. Los profetas de la Nueva Era no están ajenos de esa promesa y es por eso que están en la espera de la evacuación de los cristianos. Sólo así podrán tomar control de la tierra.

"Si no fuera por esos horribles cristianos —dicen ellos—, podríamos hacer cualquier cosa". Burlonamente nos llaman ignorantes, parásitos, gusanos, estúpidos, etcétera.

Michael Smiley, que se autodenomina "Mr. 666" dice sobre los cristianos en general:

... una de las más criminales, sangrienta y explotadora entre las religiones conocidas por el hombre, es la cristiandad. Esta religión es también la religión oficial de la historia, en el cual tenemos que intentar transformarla (Michael Smiley, Proyecto 666, (e) RD. (c) 1990, p. 130).

¿Que significa transformación?

Por ejemplo, en las escrituras hindúes el Bhagarad Grita dice que hay que ordenar a los cristianos y a otros rebeldes espirituales, a la muerte. Con eso ellos piensan que les están haciendo un favor porque quizás en la próxima reencarnación serán positivos, pues los ayudan a cambiar el *karma*.

Alice Bailey en Suecia en el "Arcane School Conference" dijo:

La fuerza de Shambala es destructiva y expulsora ... inspirando nuevo entendimiento del Plan ... en esta fuerza ... que traerá esa tremenda crisis, la iniciación de la raza a los misterios de las edades (*Dark Secret Of the New Age*, p. 156).

Alice nos habla de la fuerza de Satán que será destructiva en la gran tribulación, mientras que un grupo será expulsado. Ese grupo será la Iglesia de Dios que no pasará por el momento de la destrucción descrita por Alice. Los que se queden sufrirán persecución cuán nunca antes jamás hubo ni la habrá. Cuando el anticristo ascienda al poder, perseguirá a los cristianos hasta la muerte (eso será a todo aquel que se quede o que haya vuelto a los pies de Cristo).

David Spangler a través de un demonio dijo:

Tu mundo será y suavemente se convertirá —dos mundos. Llamarás a uno luz y al otro oscuridad ... El mundo de ellos (de oscuridad) está bajo la ley y desaparecerá (*Dark Secret Of the N.A.*, p. 162).

Claramente se insinúa que los que están bajo la ley de Dios serán los que desaparecerán.

La Nueva Era dice que no vendrá al poder hasta que la tierra sea completamente limpia de las fuerzas negativas (los cristianos). Satán está indicándole a los cristianos lo que les sucederá si se quedan.

Mayra Timms una líder de la Nueva Era dice concerniente a este tiempo:

Tal logro está siendo impedido por ciertas emociones energéticas que no han sido espiritualizadas —posiblemente en forma de guerra y/o por medio de una limpieza de toda la *karma* que nos atrasa (*Dark Secret Of the New Age*, p. 139).

El ejército y la Nueva Era

David Spangler, uno de los más grandes líderes de la Nueva Era y líder espiritual dice que el ejército (E.U. Army) se está preparando con soldados especiales para resolver los conflictos de disciplina espiritual. Ya se está entrenando tanto a civiles como a militares para pelear o asesinar a los cristianos. El Teniente Coronel, Jim Channon, ya tiene un grupo que usan símbolos ocultistas.

El Teniente Coronel, que fue ayudante de Antón La Vey, es el oficial creador del Templo de Set, idea que viene de las religiones misteriosas de Egipto. De él se habla mucho y se sospecha que se están formando grupos secretos en el *army* de los Estados Unidos.

La guerra contra los cristianos ya comenzó en el ámbito espiritual, pero muy pronto comenzará, sin barreras, en el ámbito físico. La guerra no comenzará, mis hermanos, la guerra ya comenzó. Sólo nos queda decir ¡MARANATA!

Rut Montgomery, piensa que ese tiempo y que ese período de caos, disturbio, de sufrimiento y limpieza será para el año 2000. Dice que los extraterrestres supervisarán la limpieza de la tierra.

Una de las artimañas de Satanás es hacer creer que no va a haber ningún arrebatamiento. Por eso vemos tantas películas que muestran a los seres extraterrestres sacando de la tierra a la escoria, como vemos el ejemplo de "Cacoon"[1] donde las personas de edad avanzada, los desechados de la sociedad serán evacuados de la tierra. Estas películas y las creencia en los seres extraterrestres engañarán a muchos cristianos.

Sólo los entendidos entenderán.

Despierta hermano, abre tus ojos, entiende que la Venida de Cristo se acerca, ¡Cristo viene ya! ¡Sólo un poquito más de tiempo y el que ha de venir vendrá! (Hebreos 10:37).

---

1.   Una película de gran éxito.

107

El plan expuesto

Las enseñanzas de Alice Bailey, que han sido seguidas al pie de la letra, establecieron EL PLAN.

De acuerdo a instrucciones secretas, el movimiento debía mantenerse fuera del público hasta el año 1975. Entonces debía estar al descubierto y dejar a la luz la naturaleza del Plan del Nuevo Orden Mundial. De allá para acá se habla mucho sobre el Nuevo Orden Mundial y otros aspectos más.

Adicional del Plan mencionado en el capítulo cuatro, mencionaremos el resto del plan que tienen establecido por cinco años:

1. Establecer un Nuevo Orden Mundial, una religión mundial. Traer a todos los grupos de organizaciones e iglesias a la unidad.

2. Concientizar a la humanidad a través de todos los medios de comunicación.

3. Establecer bioregiones, donde Estados Unidos será disuelta como nación.

4. Purificar la tierra. Concientizar sobre la ecología a los niños a través de muñequitos, a los jóvenes a través de películas, en las escuelas y por otros medios.

5. Sumergir a la humanidad en los espíritus guías.

6. Hacer al hombre Dios.

7. Redistribuir los recursos y riquezas mundiales en un principio de "compartir".

8. Traer al cristo de la Nueva Era, Lord Maitreya.

9. Unidad de todo:

   a. Sistema de crédito

   b. Autoridad de control de la comida mundial.

   c. Impuesto universal.

d. Control de la población mundial.

Hacer a Satanás Dios de este mundo y la Nueva Era la religión institucionalizada.

11

EL ANTICRISTO

La Biblia no indica que nosotros, como Iglesia, sabemos quién es el anticristo; pero, tampoco nos hace exentos de estar ajenos, a quién ha de ser.

Personalmente no sé quién es el anticristo, pero creo poder observar quiénes posiblemente califiquen para serlo. Bajo observación de las cualidades de uno de estos personajes podríamos señalar a posibles candidatos. De una cosa sí creo estar en lo cierto y es que ese personaje ya tiene que estar en la tierra esperando el momento de su entrada triunfal. La Biblia señala las cualidades de este individuo por la cual estudiaremos algunas de ellas.

1. Será un líder político (Daniel 9:26) "... y el pueblo de un príncipe que ha de venir ...

2. Será un hombre de paz. (Daniel 9:27, Apocalipsis 6:12 y Daniel 8:25) "... y por otra semana confirmará el pacto con muchos ..."

Esto indica un pacto de paz, puesto que la otra mitad indica destrucción.

*Y el que lo montaba tenía un arco, y le fue dada
una corona ...*

Apocalipsis 6:2

Cuando un príncipe entraba en los tiempos antiguos con arco, pero sin flecha y en un caballo blanco, significaba que venía en son de paz.

3. Será un sabio, tendrá grandes conocimientos políticos, engañador y falso, (Daniel 8:23-25).

a. La palabra entendido en enigmas del verso 23 viene del hebreo (*chiydah*) y significa entender preguntas difíciles, entendedor de casos difíciles, conocedor de acertijos o enigmas. Sabio conocedor de cosas oscuras o difíciles de entender.

b. Sabio o sagaz del verso 25, viene del hebreo (*sekel*), y significa, inteligencia, sabiduría, sagacidad, experto y tiene una implicación de prosperar. Esto quiere decir, que con su sabiduría prosperará.

c. Engaño, en hebreo (*mirmah*) la cual significa, engaño, fraude, falso, traicionero. Todas las cualidades de un verdadero hijo de Satanás.

Los versículos 23 y 27 del capítulo 8 de Daniel se refiere al anticristo moderno.

4. Será un europeo, pero de raza israelí (Daniel 7:8-25 y Apocalipsis 13).

Si los diez cuernos del capítulo 7 de Daniel significa Europa (Mercado Común Europeo), entonces el cuerno pequeño que sale de adentro de los 10 cuernos el cual es el anticristo, tiene que venir de Europa. Sin embargo, los judíos históricamente no han aceptado a nadie como el Mesías si no es un israelita. Cuando el anticristo se manifieste se hará pasar por el mesías y para ser aceptado tendrá que ser judío.

5. ¿Su raza?

Algunos utilizan a Daniel 11:37 para determinar su raza, sin embargo, diferentes autores tienen diferentes interpretaciones. No se sabe a quién se refiere con exactitud cuando dice "... al Dios de sus padres no hará caso... no se explica ni quiénes son sus padres, ni su Dios. bíblicamente no se puede probar su raza. Sólo asumimos en parte, que será israelita.

6. ¿Será un militar?

Confiará en el dios de la fortaleza (Dan. 8:8). Según algunos autores, será un hombre preparado altamente en las esferas militares.

El anticristo será un prototipo de la que fue Antíoco Epifanes. Profanará el templo de Dios, aun mayor que la profanación de Antíoco cuando sacrificó una cerda en el templo e hizo cesar los sacrificio del templo.

Antioco hizo cesar los sacrificios diarios por algunos años; los romanos por muchas edades, y destruyeron el templo; y el anticristo en conexión con Roma, el cuarto Imperio, lo harán de nuevo cuando los judíos vuelvan a su tierra, todavía incrédulos, construirán su templo y restaurarán los rituales mosaicos...[1]

¿Quién será de acuerdo a la Nueva Era?

Qué precioso es saber que entre todos los profetas del mundo, sólo la Iglesia de Dios tiene la verdad. Tenemos la palabra profética más segura, la cual es la misma Palabra de Dios. Cuando los profetas de Dios hablaban, ¡todo!, no casi todo, sino, ¡todo! se cumplía al pie de la letra. Lo mejor que tenían los profetas de aquellos tiempos que no tienen los de hoy día

---

1.   *Jameson, Fausset & Brown, of the Whole Bible.* (Zondervan Publishing House, Gran Rapids, Michigan USA © 1961, p. 752.

era que decían lo que Dios mandaba y no se ponían a interpretar lo que Dios decía. Iban al grano y daban las palabras exactas que Dios hablaba.

Mateo 24, es un ejemplo vivo de la seguridad de las profecías de la Biblia. Jesucristo nos da una advertencia sobre lo que la Nueva Era hace hoy día, cuando estando sentado en el monte de los Olivos con sus discípulos y les advirtió y nos advierte también a nosotros:

> *Mirad que nadie os engañe. Porque vendrán*
> *muchos en mi nombre, diciendo: Yo soy el Cristo;*
> *y a muchos engañarán.*

Mateo 24:4-5

La Nueva Era está proclamado la doctrina crística. La doctrina crística es que todos tenemos un Cristo dentro de nosotros y tenemos que utilizar esa fuerza crística, pero que también hay muchos otros cristos que han llegado a su clímax, pero por sobre todo esto, se espera un supercristo que está por encima de todos los cristos y ese será el salvador del mundo.

Jesús fue Cristo, Mahoma fue un cristo usted puede ser un cristo, pero el que viene será el Cristo de todos los cristos según la Nueva Era. Son muchos los cristos que están apareciendo en la Nueva Era.

1. El cristo de Rubén Cedeño:
   Lord Koot Hoomi es actualmente el cristo planetario ... es el inspirador y director de todos los movimientos religiosos, espirituales, filosóficos y de pensamiento (Rubén Cedeño, Sabiduría (e) Bienes Lacónica, CA (c) 1989 Venezuela, p. 20).

2. Cada organización de la Nueva Era tiene su propio cristo. Por ejemplo el "Tara Center" y su organizador y profeta Benjamín Creme prolifera a su mesías como Lord Maytreya. Muchos líderes de la Nueva Era dan

por hecho, que Lord Maitreya es el cristo absoluto de la Nueva Era.

Benjamín Creme se tomó el atrevimiento de enviar a los 20 periódicos más importantes del mundo en abril 25, 1982, incluyendo los periódicos de New York City, Washington, D.C. Londres y París, la mentira que Lord Maitreya era el mesías y que estaba listo para asumir su trono en el mundo. Casi cinco años después, en enero 12, 1987 el "Tara Center" publicó algo similar en "USA Today" con el título: "El Cristo está en el mundo" en ambos casos han quedado mal. Cuando se le preguntó a Creme qué sucedió, la excusa fue que todavía no estaba listo. Ahora proclama que para el año 2.000 estará listo.

3. Mesías israelí de Brooklyn:
   Seguidores del Rabino Salmón Schneerson colocarán retratos como parte de una campaña por todo el país para proclamarlo como el mesías. (El Vocero, San Juan, sábado 30 de enero de 1993).

4. Elizabeth Clare y su cristo Saint Germain:
   Ella reclama haberlo visto, vestido con unas vestiduras adornadas de un símbolo de la cruz dentro de un círculo.

   El círculo significa posesión o control de Satanás y todo lo que esté dentro del círculo está posesionado o controlado por Satán.

   Tanto Elizabeth como Guy W. Ballard dicen que "Saint Germain" tiene un nombre escrito en su frente. Ballard es el fundador del movimiento de "I AM" (Yo Soy).

¿Quién es este cristo? Al igual que los demás, este es un demonio disfrazado de un "maestro tibetano".

Una autoridad de la Nueva Era, Edmund Harold, provee información que este mismo Saint German ha sido reencarnado anteriormente como el filósofo chino Lao Tse, como el legendario Merlín en la corte del rey Arturo, y como un científico inglés Roger Bacon. La profeta Elizabeth Clark, dice que "Saint Germain" está ahora asistido por Jesús en su trabajo en la tierra, en el mundo invisible de los espíritus (Texe Mars, *Mystery Month of the N.A.*, p. 47).

Según Elizabeth, el verdadero Cristo Jesús de la Biblia pasó a un plano diferente. Lo mismo hace ver Rubén Cedeño, cuando dice:

Rama y Krisma fueron encarnación del Cristo cósmico, pero también lo fue Jesús ya que albergó el espíritu de Maitreya, que para ese entonces era el Cristo de la tierra ... Ya ni Jesús ni Maitreya son Cristos planetarios, pasaron a otros cargos divinos de mucha importancia; Maitreya es el Buda de la tierra o el que sucederá al logos planetario Gautama y Jesús es el ángel Michael de la unidad (Rubén Cedeño, Sabiduría, p. 98).

5. Djwol Khul, el cristo de Alice Bailey dice, que al final de este ciclo (de esta edad presente, o sea para el próximo milenio) en orden de traer la Nueva Era ciertas fuerzas destructivas tienen que ser soltadas en la tierra. Estas fuerzas tienen una forma triangular, no son otra cosa sino demonios.

Lo que más me extraña es que en mi país se han hecho hasta el día de hoy tres pirámides, una está a tres minutos de mi casa en mi propio pueblo y dos como a 15 minutos de mi casa en los pueblos adyacentes.

Una hermana, en una ocasión me habló de un reportaje que vio por cable T.V que mostraba un psíquico diciendo que se estaba estableciendo pirámides alrededor de toda la tierra con el propósito de invocar la venida del mesías a la tierra y que algún día todas las pirámides recientemente construidas en el mundo invocarán a su mesías, las energías procedentes, harán posible la venida de su mesías. Ahora ellos están invocando su venida. Esperan la aparición muy pronto.

En la revista Año Cero, No. 3, desde la p. 4 a la 46 habla sobre los ovnis en España. Un hombre llamado Lice

Moreno fundó la Sociedad Adonai para la "Fraternidad Cósmica".

Según él, la comunidad donde están ubicados vieron una nave extraterrestre que anunciaba definitivamente la segunda venida de Cristo a la tierra. El mes de junio de 1989 se reunieron un grupo de ellos llamados "La iniciación solar" y construyeron una pirámide en cristal para meditar sobre la venida del Mesías.

Después de la puesta del sol, varias voces se turnaban en leer diferentes meditaciones correspondientes a cada uno de los signos del zodíaco a la vez que los sincronizadores magnéticos —especie de collares con piedra de color en el centro y que, a decir de sus usuarios facilitan el contacto—, se cargaban energéticamente bajo la pirámide de cristal. Sin embargo, el objetivo de la reunión transcendía todo aquello. Había que consolidar el plan de anunciación de la llegada del mesías, que no se hará efectivo hasta julio del año 2,000 (Año Cero No. 3, p. 44).

Antonio Rivera, un renombrado científico sobre la Ovniología dice concerniente a las pirámides:

Estudios recientes parecen señalar un hecho sorprendente: en el interior de una pirámide debidamente orientada a los cuatro puntos cardinales, y aproximadamente en un punto situado a los dos tercios de su altura parecen actuar fuerzas y energías desconocidas, de efectos asombrosos. Por ejemplo, un trozo de carne situado en ese punto del interior de una pirámide, no se pudre. Al contrario, se conserva indefinidamente, momificado (Antonio Rivera, El Envés de la Trama, (e) Plaza & Janes, España (c) febrero 1987, p. 152).

Las energías que proceden de las pirámides son puramente demoníacas. Tanto la ovniología como el ocultismo están íntimamente relacionadas.

6. Hay tantos cristos que no se podrán mencionar todos tales como: Asher, profeta John Randolph Price, Sanat Kumarah; (que es al revés Satán).

¿Cuándo aparecerá?

"1999: Año que el anticristo asumirá el poder". Es el título que aparece en el portada del periódico El Mundo del lunes, 27 de enero de 1986 de Venezuela.

La pitonisa suramericana que profetiza este evento dice que los espíritus le otorgarán permiso para comunicar parte de este secreto para 1986. Ella asegura que el anticristo será electo presidente de una nación muy poderosa y asumirá el poder a los 31 años de edad. Su madre concibió por inseminación artificial y nació el 2 de noviembre de 1967 y que el nombre y apellido del anticristo están compuestos de seis sílabas.

La profetiza afirma que debido a la destrucción de aquellos tiempos, los que sobrevivirán son los que llevan marcado un sello en la frente.

De acuerdo a Jeanne Dixon una famosa astróloga, en febrero 5, 1962 se le apareció en visión un antiguo faraón y su reina Wefertiti. La reina tenía en sus brazos un niño que se lo estaba ofreciendo al mundo y era "todo sabiduría".

La señora Dixon estaba convencida que esa visión era el Cristo reencarnado quien, supuso ella, había nacido en ese día.

Más adelante, ella misma dice que el niño de la visión era el anticristo.

El grupo de "Tara Center" y su dirigente Benjamín Creme, anunciaron que Lord Maitreya (un espíritu guía) que ellos creen es el mesías, iba a aparecer para tomar poder en 1982. Como no apareció dijo que no estaba maduro para aparecer en el 1982, pero que aparecerá antes del 2.000.

Creme informó que Maitreya está confidencialmente trabajando en Londres, y es miembro de la comunidad pakistana en esa ciudad. Se comunica con él a través de telepatía y que cuando va a visitar algún país toma posesión de un cuerpo. Benjamín Creme lo mismo lo presenta como un espíritu que como un persona.

Muchos nombres se han señalado como posibles anticristo: Reagan, Gorbachov, Papa de Roma, Jacques Delors, Felipe González, Henry Kissinger, etcétera.

Es posible que de todos los nombres mencionados desde el principio de este capítulo hasta ahora, uno de ellos sea el anticristo, pero puede que no.

¿Cuándo será su venida?

La Biblia no nos da detalles de la exactitud de su aparición. Su manifestación está siendo detenida por el Espíritu Santo hasta el momento en que sólo está en la potestad del Padre.

Quizás nosotros conozcamos a ese hombre a través de una figura política, sepamos de sus hazañas, hasta estemos de acuerdo con él, sin saber que es el anticristo. Ahora, mismo, pudiéramos estar escuchando de esa persona a través de las noticias internacionales, lo creamos un hombre bueno e íntegro, pero llegará un día que se revelará y si es que aún estamos aquí, sabremos quién es.

La Iglesia tiene derecho a sospechar de una persona o de varias personas. El apóstol Pablo nos insta a estar a la expectativa, a estar velando.

Yo espero no estar aquí cuando él se revele, pero esto no debe de impedirme que esté observando este evento.

Pablo dice:

Nadie os engañe en ninguna manera; porque no
vendrá sin que antes venga la apostasía,
y se manifieste el hombre de pecado el hijo
de perdición.

2 Tesalonicenses 2:3

Cristo no vendrá en su Segunda Venida sin que primero este hombre se manifieste. Se sabrá por completo, cuando él se levante contra Dios y se haga objeto de culto. No pienso estar en la tierra para ese tiempo, sin embargo creo que esa persona ya tiene que estar conocido en los ámbitos internacionales como un sencilla figura política.

La palabra manifestarse significa "revelar" viene de la palabra griega *apokalupto* y significa quitar la cubierta, descubrir, revelar. La partícula principal *apo*, fuera, la cual denota una separación, partida, cesación. Es como cuando algo está cubierto y se quita fuera y se saca al descubierto. La palabra *kalupto* (griego), significa cubierta.[2]

Cuando se le quita la cubierta al anticristo se sabrá con certeza quién es él.

Ahora sólo podemos especular quién es él pero no estar seguro.

Mucho escritores bíblicos tienen bajo observación al doctor Henry Kissinger como el posible anticristo. Después de haber leído de sus cualidades, yo también observo a Jacques Delors, Lord Maitreya y otros. Lo importante no es que sea esta o la otra persona, sino, que ya está apareciendo la señal del anticristo.

En el periódico "Jerusalem Post" el 2 de octubre de 1988, se le dedicó cinco páginas completas a una entrevista dada al doctor Henry Kissinger, hablando sobre el estado del mundo. Cuando se le preguntó sobre la paz en el Medio Oriente dijo estas palabra que deben poner a temblar a cualquier cristiano de emoción.

En el Medio Oriente, yo creo si atentas realizar una solución total, va a fallar, porque en estos momentos las diferencias son muy grandes. Pero lo que es realizable en el medio oeste es una serie de arreglos interinos que mejore la situación por, digamos, de cinco a diez años, al final la situación se discutirá nuevamente. En este momento, por ejemplo, el mayor problema en la franja occidental (West Bank) es conseguir el compromiso en principios de Israel que se retire de algunos territorios árabes, sino todos. Si se puede tomar estructuras de gobiernos

---

2. Strong Concordance.

propios en Gaza y parte de la franja occidental gobernado por árabes locales, apoyado quizás por Jordania, Egipto y Arabia Saudita, y ese grupo puede entonces coexistir con Israel en una manera concreta digamos, de cinco a siete años. Al final del período, se puede entonces considerar otras organizaciones. Esto creo yo es posible, y después de las elecciones en Norteamérica e Israel se puede intentar. (Jerusalem Post, oct. 2, 1988).

La Biblia dice en Daniel 9:27 que se hará un pacto de paz de siete años. No será ni de cinco ni de diez años sino de siete años.

En el periódico de Canadá el mes de enero de 1989 dijo que el presidente Bush (en aquel entonces) había pedido a Kissinger que negociara un pacto de paz en el Medio Oriente.

Muchos piensan que Henry Kissinger ya perdió el papel de líder mundial. Se equivocan, cuando yo estaba en Argentina apenas hacía de tres a cuatro meses había salido del país y de acuerdo a una confidencia en el gobierno de Menén me dijo que él había traído la solución para la crisis financiera del país. Una tarjeta plástica con el UPC si no se acataba a ella, estaban acabados.

Cuando hubo el pacto de paz entre Estados Unidos y Rusia muchos medios noticiosos dijeron: "Se acabó la guerra fría", inmediatamente se entrevistó a Henry Kissinger en cable T.V. y se le preguntó sobre la paz y él dijo: "El hombre está buscando la paz y les vamos a dar paz".

En 1 Tesalonicenses 5:3 dice:

...que cuando digan: Paz y seguridad, entonces vendrá sobre ellos destrucción repentina, como los dolores a la mujer encinta, y no escaparán.

Orando oí sus palabras, inmediatamente pensé en esta profecía. Ahora está de moda hablar de paz y seguridad.

En el mes de septiembre de 1993, bajo una emoción que no podía contener, me senté en la sala de la casa de un hermano pastor y observé con asombro el histórico pacto de paz entre Israel y los países árabes con las representaciones de Rabin y Arafat.

El día 14 de septiembre de 1993, apareció en el periódico El Nuevo Día en la primera plana:

Rabin y Arafat siembran el árbol de la paz.

Este pacto auspiciado por los Estados Unidos no es el pacto de paz de que nos habla la Biblia. Esto son rondas preliminares que se están haciendo. Todavía dio el primer paso entre los países árabes hasta que se consoliden en un pacto de siete años como nos dice la Biblia.

En esa reunión, dice el Nuevo Día, ambos contrincantes extremadamente nerviosos sacaron a relucir recuerdos de sus sangrientas batallas. "Nuestros dos pueblos esperan hoy esta histórica esperanza y quieren darle una verdadera oportunidad a la paz", dice Arafat, mientras que Rabin decía: "Basta ya de sangre y lágrima" ¡Es suficiente!

Se notaban en sus palabras el grito por el advenimiento de la paz. Mientras observaba ese evento meditaba en lo cerca que estamos de la venida de Cristo.

Otras observaciones de Kissinger

1. Henry es judío de raza, de padre y madre.

2. Es nacido en Alemania y Alemania pertenece al Mercado Común Europeo (ec).

3. Ganó el premio Nobel de la paz. Es conocido por su hazaña de paz.

4. Tiene una asociación llamada "Kissinger Asociates" la cual consulta a gobiernos, negocios e individuos donde aconseja sobre las finanzas.

5. Cuando apareció la figura del hombre calvo con el sello de UPC en la frente en Australia, ese mismo año él estaba asesorando al país sobre las finanzas.

Lo importante aquí no es probar que sea Kissinger, Lord Maitreya u otro más. Lo que nos debe de importar como Iglesia es que ya vemos la profecía de Mateo 24 y Lucas 21 cumpliéndose ante nuestros ojos. Debemos estar atentos y velando porque nuestra redención se acerca.

El anticristo no será ruso

Algunos autores sitúan el imperio del anticristo en Moscú y como prueba utilizan a Ezequiel 38:2-3:

Hijo de hombre por tu rostro contra Gog en tierra de Magog, príncipe soberano de Mesec y Tubal y contra él, y di: Así ha dicho Jehová el Señor: He aquí, yo estoy contra ti, hoy Gog. Príncipe soberano de Mesec y Tubal.

Personalmente, no veo que esos versículos digan nada concerniente a la figura del anticristo. Claramente en Daniel 7 y Apocalipsis 13, muestra un cuerno pequeño saliendo dentro de entre los diez cuernos, de la cuarta bestia que Daniel había visto (versículos 7 y 8). En los versos 19 y 20 se describe a este cuernito como una persona.

Nótese la similitud entre Daniel 7:19 y 20 con Apocalipsis 13:3-6.

El anticristo tiene que ser romano

El gobierno que se está levantando ahora mismo en Europa (Mercado Común Europeo) es exactamente lo que Daniel 7 nos explica.

Asimismo acerca de los 10 cuernos que tenía en su cabeza, y del otro que le había salido, delante del cual habían caído tres; y este mismo cuerno tenía

ojos, y boca que hablaba grandes cosas, y parecía
más grandes que sus compañeros.

Daniel 7:20

Esto mismo está sucediendo hoy día en el Mercado Común Europeo.

Aunque en el presente 12 países han decidido formar el Mercado Común Europeo y varios otros están considerando la posibilidad de unirse, uno debe de anticipar que por lo menos, de dos a tres van a retirarse ... sólo 10 países van a formar la Comunidad Europea (EC), aunque otros países pueden estar conectados con un acuerdo especial (Michael Smiley, Proyecto 666, p. 23).

Daniel dice que serán 10 países que quedarán en el poder para cuando esté gobernando el anticristo, exactamente así dicen los medios noticiosos concerniente a Europa Unida.

Incluso los mismos analistas del Mercado Común Europeo admiten que esta profecía de Daniel, Ezequiel y el Apocalipsis son ellos mismos.

Se levantará un líder europeo (por lo menos de nacionalidad), que gobernará a toda Europa y por ende a todo el mundo.

Esa unificación de Europa occidental también constituye el necesario y apropiado establecimiento para el surgimiento de un nuevo líder político, no estoy en un error (tampoco esto es ciencia ficción) en mis conclusiones y afirmaciones que el parlamento europeo es el trasfondo en la cual un nuevo líder se levantará con una personalidad y carácter único, quien, no solamente dirigirá el destino de Europa occidental o el Nuevo Imperio Romano del oeste, sino que también ayudará con su iniquidad y poder a transformar al mundo trayendo alegría, prosperidad, paz y progreso... nunca antes conocido por la humanidad (Michael Smiley, Proyecto 666, p. 85).

(Proyecto 666, es el nuevo sistema financiero que se está tratando de implantar al mundo y tiene sus cedes en Estocolmo, Suecia).

¿Qué papel jugará Rusia?

Rusia, a través de engaño se hará pasar por un país democrático y al final vendrá contra Israel en una campaña masiva y querrá apoderarse del gobierno mundial.

Ezequiel 38 da una explicación vívida de lo que le sucederá a Rusia. En esta visión de Ezequiel se ve a Rusia preparado con muchas naciones para venir con un ataque masivo en contra de Israel. Preparado con todos los tipos de armamentos.

A pesar que la palabra Gog y Magog hacen referencia a Satanás cuando actúa en forma personal en el mundo, muchos biblistas creen que Rusia, bajo el mando de Satanás vendrá en contra del pueblo de Dios para el tiempo final.

Rusia será el líder de muchas otras naciones como:

1. Mesec y Tubal. Este lugar pertenece a lo que hoy día es Rusia. Esta gente se habían establecido cerca de los montes Cáucaso, entre el mar Negro y el mar Caspio.

2. Persia, que hoy día se le conoce como Irán.

3. Etiopía, todavía se llama igual. Queda cerca de Somalia, en África.

4. Libia, la cual es África del Norte.

5. Gomer. Estos descendientes de Gomer poblarán mayor parte de Europa, incluyendo Alemania, pero también fueron descendientes de otras naciones desconocidas hoy día. Gomer se había establecido en Turquía. Josefo llamó a los gálatas de Asia Menor gomeritas.

6. Togarma, posiblemente eran los armenios y españoles.

7. Y muchos pueblos contigo. No se mencionan los pueblos, pero serán muchos los que se unirán a Rusia para el ataque masivo y final contra Israel.

Dios pondrá su mano contra Rusia y los destruirá posiblemente con una bomba atómica y armamentos bíblicos (Ezequiel 38:18-23).

¿Colapsó la Unión Soviética?

Aquellos que creen que la Unión Soviética colapsó y que no jugará un papel importante para el tiempo del fin deben leer más a menudo reportajes sobre Rusia.

The Fátima Crusaders:

> A pesar del llamado colapso comunista, casi cada estado dentro de la vieja Unión Soviética, está todavía bajo el control comunista y la KGB. Detrás de los cambios de nombres cosméticos políticos, el nuevo gobierno de Rusia está continuando una serie de acciones hostiles y amenazantes...

El 1 de junio de 1993, Radio Moscú reportó:

> El servicio de seguridad de Rusia continúa trabajando sin una regulación de sus actividades. Ellos definen sus propias metas.

El Señor permita que los ojos de muchos cristianos sean abiertos y podamos ver claramente lo cerca que está nuestra redención.

CONCLUSIÓN

¿Por qué temer?

Quizás, una de las cosas que más me ha sorprendido a lo largo de mi ministerio en todo el mundo ha sido el temor que presentan los hermanos después de escuchar este tema. La Iglesia por un lado desea la Venida de Cristo pero por otro lado, como es de esperarse, teme a lo que está por suceder. ¡El verdadero amor echa fuera el temor! En una ocasión recibí una carta de un pastor en Kenya, África y me dijo que ninguno de los que se habían convertido al Señor en la campaña que habíamos dado se habían apartado, pero que en especial había una joven que se había atemorizado tanto que iba a la Iglesia todos los días de culto por temor a quedarse. Cuando hago el llamado en las Iglesias en Sur América, Puerto Rico u otro lugar, los altares se llenan de gente con temor.

El temor es natural. El hombre le teme a todo lo que desconoce. Sin embargo, no predicamos esto para darle temor a la Iglesia. Muchos utilizan esto como un arma. Pero el verdadero propósito de este libro es para concientizarlo de las artimañas de Satanás.

En 2 Corintios 2:11 dice:

Para que Satanás no gane ventaja sobre nosotros;
pues no ignoramos sus maquinaciones.

De acuerdo a Robertson este texto debería de traducirse: "Que no gane ventaja sobre nosotros para que no seamos alcanzados por Satanás".

127

Robertson se considera el mejor erudito del griego en todos los tiempos. Él enfatiza que si no conocemos las artimañas de Satanás, podemos ser alcanzados. La idea aquí es que si no sabemos las artimañas de Satanás, podemos caer víctimas de él. En 1 Tesalonicenses 5:4-6 dice:

Mas vosotros, hermanos, no estáis en tinieblas, para que aquel día os sorprenda como ladrón. Porque vosotros sois hijos de luz e hijos del día; no somos de la noche ni de las tinieblas. Por tanto, no durmamos como los demás, sino velemos y seamos sobrios.

O sea, Pablo nos insta a estar en la luz, que es sinónimo de estar en la claridad o conocimiento. En contraste a la luz está la noche, que es sinónimo a no entender. Robertson dice que Pablo se refiere a: "que no se mantengan durmiendo. Velemos... mantengámonos despierto... En sentido figurativo, (significa) estar calmado, sobrio."[1]

Pablo nos llama a la calma pero también nos advierte que velemos, que estemos en vela. Somos hijos de la luz porque la luz es conocimiento.

Debemos conocer

Con relación al tiempo del fin Daniel nos dice:

Los entendidos resplandecerán como el resplandor del firmamento; y los que enseñan la justicia a la multitud, como las estrellas a perpetua eternidad.

Daniel 12:3

---

1. Word Picture of the New Testament. Braadman Press. ©1931 U.S.A. p.35.

Y como nos dice Matthew Henry en relación a este texto, que los ministros de Cristo serán como luces encendidas y resplandecientes.

No es nuestro propósito el crear temor sino alertar para que usted también esté en luz (alerta) y no en tinieblas (borracho).

En el verso 10 dice: *Pero ninguno de los impíos entenderá, pero los entendidos comprenderán.*

Esto es locura para el incrédulo, pero no para nosotros que conocemos la Verdad, y la Verdad es Jesucristo.

¿Habrá una forma de escape?

Jesús es la única verdad. Jesús es esa voz de alerta que nos ilumina. Él es la luz que nos indica el camino. En Juan 3:19 dice:

Y esta es la condenación: que la luz vino al mundo, y los hombres amaron más las tinieblas que la luz, porque sus obras eran malas. Porque todo aquel que hace lo malo, aborrece la luz y no viene a la luz, para que sus obras no sean reprendidas. Mas el que practica la verdad viene a la luz, para que sea manifiesto que sus obras son hechas en Dios.

Aunque hay muchos que quieran imitar a la luz (que es Cristo) no podrán guardarle en el día malo.

Estando con un pastor amigo en Orlando, Florida, sacamos una información en el Internet sobre Lord Maitreya. Lord Maitreya se autodenomina el cristo. Se llama el salvador del mundo.

En una ocasión se le apareció a una multitud de más de seis mil personas el 11 de junio de 1988 y cuando la gente vio aquel hombre aparecer de la nada vestido de blanco lo recibieron gritándole "Jesucristo". "Kenya Times" primeramente lo publicó en junio 22, 1988 y luego dieron más detalles en junio 26 describiéndolo como "un hombre calmado y alto ... vestido de túnicas blancas sin manchas y muy limpias, con una barba negra y bigotes".[2]

En esta misma información del Internet dice que Maitreya se manifestó él mismo hace 2.000 años atrás en Palestina a través de la sombra de su discípulo Jesús, pero ahora Jesús es un maestro y Maitreya ha venido él mismo.

Pero Mateo 24:5 nos dice:

Porque vendrán muchos en mi nombre, diciendo: Yo soy el Cristo; y a muchos engañarán.

Juan le llama a este tipo de persona "anticristo", porque se opone al verdadero Cristo, haciéndose pasar por Cristo (Juan 2:18-22).

Sólo Cristo nos puede ofrecer esa luz que nos lleva a la verdad. No es Maitreya, Mahoma, Moon u otros salvadores que muestra la Nueva Era. Ninguno de ellos le va a ayudar a escapar.

En una ocasión un hermano me dijo haber leído en una revista llamada "American Man" que se esperaba la desaparición de mucha gente en el futuro.

La Biblia nos muestra cómo la Iglesia escapará a este plan satánico y es a través de la desaparición, o sea el Rapto. A pesar de que habrán muchos burladores que se mofarán de ello, será como en los días de Noé.

Aun los líderes de la Nueva Era están conscientes de la desaparición de la Iglesia, ellos le llaman: "¡la limpieza de las fuerzas negativas!" Como ya relaté en un capítulo anterior, hace algunos años, estaba viendo un programa de entrevistas en Puerto Rico donde vino un español con el propósito de corroborar si era cierto sobre los fenómenos ovnis que estaban apareciendo en Puerto Rico. Su propósito era saber si eran ovnis o demonios. Mientras estaba siendo entrevistado cayó bajo la

---

2.   Kenya Times, 22 de junio 1988.

posesión de un ser que él mismo llamó Téfilo. Mientras estaba en trance el tal Téfilo, dijo algo que llamó mi atención: "Esto que está sucediendo en Puerto Rico tendrá gran resonancia mundial...", y enfatizando lo que yo entiendo como el arrebatamiento de la Iglesia dijo: "... las fuerzas negativas serán evacuados de la tierra, entonces entrarán las fuerzas positivas..."

Los líderes de la Nueva Era creen que una nueva raza emergerá y una metamorfosis evolucionará y crearán un nuevo orden mundial con una nueva religión, y esto sólo sucederá cuando la tierra esté completamente limpia de las fuerzas negativas y que sólo los cristianos son ese obstáculo a ese nuevo orden mundial.

¡Si esto le sorprende a usted! Escuche este otro cuento, me sucedió mientras estaba en Orlando, Florida. Se acercó un hermano a mí después de dar otro simposium sobre este tema. Se identificó como un oficial del ejército de los Estados Unidos y me contó de una reunión que se hizo con los altos oficiales del ejército para hacer un plan de contingencia por si era cierto el arrebatamiento de la Iglesia como decían los cristianos, pues eso crearía gran confusión y muchos accidentes sucederían por todo el mundo.

Moira Timms, una líder de la Nueva Era dice que la iniciación planetaria de la humanidad por los "*masters*" no es posible todavía porque: "están siendo detenidos por cierta energía emocional, que todavía no han sido espiritualizados, posiblemente (serán detenidos) en forma de guerra o en limpieza total de la *karma* negativa".[3]

Alice Bailey en una conferencia en la escuela Arcuna, en Suecia dijo que la fuerza del Shambala —fuerza invisible dirigida por Lord Maitreya será destructiva y explosiva.

---

3.   Moira Timms, Prophecies and Predictions: Everyone's Guide to the Coming Changes. pp. 125-126.

El plan de la Nueva Era es destruir a los cristianos, a los cuales ellos consideran la fuerza negativa; y para evitar una masacre contra la Iglesia, Dios le ha prometido ese arrebatamiento antes que el anticristo se manifieste. 1 Tesalonicenses 4:16-17 dice:

> *Porque el Señor mismo con voz de mando, con voz de arcángel, y con trompeta de Dios,S descenderá del cielo; y los muertos en Cristo resucitarán primero ... y luego nosotros los que vivimos, los que hayamos quedado, seremos arrebatados juntamente con ellos en las nubes para recibir al Señor en el aire, y así estaremos siempre con el Señor.*

Amigo escapa por tu vida, sólo Jesús te puede salvar.

BIBLIOGRAFÍA

Batra Ravi, Dr., *Surviving the Great Depression of 1990.* (Simon & Shcaster N.Y. 1988.

Blavatsky H.P., *Doctrina Secreta,* (E) ADYAR Argentina, 1985.

Bloomfield Arthur E., *Antes de la Última Batalla, Armagedón* (E) Betania P.R. © 1977.

Burkett Larry, *The Coming Economic Earthquake.* Moody Press, Chicago 1991.

Clarke Adams, *Clarks Commentary* Six Volume, Abigdom Press N.Y.

Decker Ed y Dove Hurt, *Los Fabricantes de los Dioses*, (E) Betania Minn., MN © 1987.

Dyer Charles H. & Hurt, *The Rise of Babylon* Tyndale House Pub., ILL, © 1991. Publicado en español por Editorial Unilit con el título: *Babilonia renace*.

Ferguson Marilyn, *La Conspiración de Acuario* (E) Troquel, Argentina, © 1989.

Hindson Ed, *End Times, The Middle East & The New World Order.* (E) Victor Book., U.S.A. 1991.

Hunt & McMahon, *The Seduction of Christianity*, Harvest House, Publ. U.S.A. 1987.

Jamieson, Fausses and Brown, *Comm. on the Whole Bible.* Zondervan, Grand Rapids, Michigan, 1961, One volume.

Jeffrey Grant, *Armagedon Appointment with Destiny,* Bantan Books, U.S.A. 1990.

Jeffrey Grant, *Heaven The Lost Frontier,* Bantan Books, N.Y., © 1991.

Johnson Georges & Don Tanner, *La Biblia y el Triángulo de las Bermudas,* Editorial CLIE, 1976.

Key Wilson Bryan, *Subliminal Seduction,* (E) Signet Book, © 1974.

Koch Kurt E., *Ocultismo y cura de almas.* CLIE, España, 1968.

Livesey Roy, *More Understanding The New Age,* Bory House Christian Book © 1990. Inglaterra.

Mars Texe, *Dark Secret of the New Age,* Cross Way Book, Illinois, U.S.A. © 1987.

Mars Texe, *Mystery Mark of the New Age,* Cross Way Book, Illinois, U.S.A.

McDonald, Mathew Henrys, *Commentary of the Whole Bible.* MacDonald Pub. Co. Virginia U.S.A., Six Volume.

Metzcer Bruce M., *A Textual Commentary on the Greek New Testament.* United Bible Soc., N.Y. 1971.

Pentecost J. Dwight., *Eventos del Porvenir,* Editorial Vida. 1985, Miami,

Pfciffer Charles F., Howard F. Vars, John Rea, *Wycliffe Bible Encyclopedia,* Moody Press, Chicago, 1975. One volume.

Pfciffer Charles F., Everet F. Harrison, *The Wycliffe Bible Comm,* Moody Press, Chicago, 1962. One volume.

Robertson Pat, *The New World Order.* Word Publ., Dallas, Texas © 1991.

Schlink M. Basilea, *New Age.* Evang. Sisterhood of Mary, West Germany © 1988.

Schnocbelen William, *Masonry Beyond the Light*, Chick Publ. Chino, CA. 1991.

Schwarz Ted y Deane Empey, *Satanismo*, Editorial Unilit, © 1992.

Show Jim & Tom McKenney, *The Dead by Deception*. Hunting House, Lafayette, Louisiana, U.S.A. © 1988.

Silva José, El método Silva de control mental, (E) Javier Vergara, Buenos Aires © 1977.

Smiely Michel, *Project 666,* (E) Exportation Suecia del Caribe © 1990.

Smith Barry, *Final Notice*. Publicado por Barry Smith Family Evangelism © Barry Smith.

Smith Barry, *Second Warning*. Publ. por Smith Family Evangelism. © 1985 N.Z.

Stewart Felfe Mary, Cuando el Dinero Falla, CLIE, España.

Stewart Felfe Mary, *El Nuevo Sistema Monetario 666*, CLIE, España 1984.

Strong James, *Strong Exhaustive Concordance* Crusade Publ. Nashville, Ten. 1984.

Martin Walter, *La Nueva Era*, (E) Betania, Minn., U.S.A. 1991.

Westcott y Hart, *The Kingdon Interlinear Translation of the Greek Scripture,* Watch Tower. N.Y. © 1969.

Wilton M. Nelson, *Diccionario Ilustrado de la Biblia*, (E) Caribe, 1974.

Woodrow Ralph, *Babilonia: Misterio religioso antiguo y moderno*, CA. U.S.A. © 1982.

Young Phil, *Save Our Democracy*. Sovereign Book LTD. N.Z. © 1988.